ケルト諸語文化の復興

ことばと社会 別冊4

ケルト諸語文化の復興　目次

0	ケルト諸語文化の復興、	
	その文化的多様性の意義を探る	5
	原聖	

1	ブレイスの言語と文化の復興	44
	文化の民主主義の獲得に向けて	
	タンギ・ルアルン	
	（後平澪子訳）	

2	カムリー語の現状と文化再生	61
	メイリオン・プリス＝ジョーンズ	
	（小池剛史訳）	

3	ケルノウ語復興の現状	77
	ダヴィス・ヒックス	
	（米山優子訳）	

4	エーレにおけるゲール語文化復興の現状	92
	ネッサ・ニヒネーデ	
	（平島直一郎訳）	

5	アルバ・ゲール語の復興	99
	ロバート・ダンバー	
	（岩瀬ひさみ訳）	

6	マニン・ゲール語について	114
	言語シフトと言語復興の歴史	
	ダヴィス・ヒックス	
	（米山優子訳）	

7	アルバ・ヌアのアルバ・ゲール語	120
	ロバート・ダンバー	
	（岩瀬ひさみ訳）	

8 グラドヴァのカムリー語 ……………………………………… 136
カムリーの外の小カムリー
メイリオン・プリス＝ジョーンズ
（原聖訳）

9 ケルト諸語 ……………………………………………………… 140
20年間の言語学研究、1989年から2009年まで
ピエール＝イヴ・ランベール
（原聖訳）

〈ケルト諸語による要旨〉

1 Breizh, azginivelezh ur yezh hag ur sevenadur …………… 158
Tangi Louarn

2 Y Gymraeg yng Nghymru ……………………………………… 163
Meirion Prys Jones

3 Kernewek ……………………………………………………… 165
Wella Brown

4 An Ghaeilge in Éirinn ………………………………………… 166
Neasa Ní Chinnéide

5 A' Ghàidhlig …………………………………………………… 168
Robert Dunbar

6 Yn Ghailckagh ………………………………………………… 171
Brian Stowell

7 A' Ghàidhlig ann an Alba Nuaidh …………………………… 172
Robert Dunbar

8 I wlad sydd well ……………………………………………… 174
Meirion Prys Jones

著訳者一覧 ……………………………………………………… 176

現代ケルト諸語文化圏

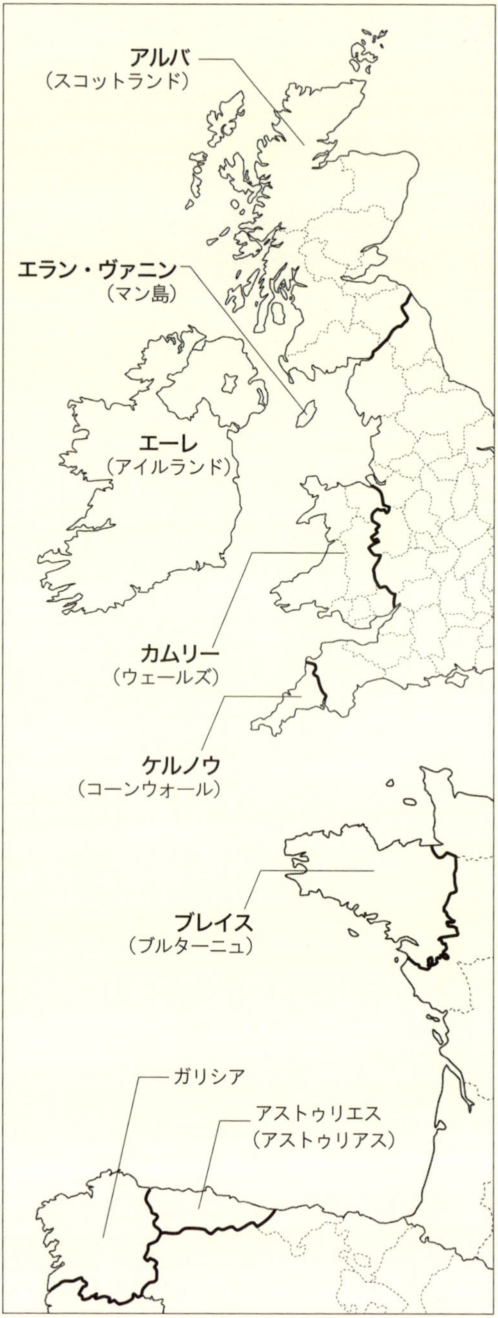

アルバ
（スコットランド）

エラン・ヴァニン
（マン島）

エーレ
（アイルランド）

カムリー
（ウェールズ）

ケルノウ
（コーンウォール）

ブレイス
（ブルターニュ）

ガリシア

アストゥリエス
（アストゥリアス）

カナダ
アルバ・ヌア
（ノヴァスコシャ）
アメリカ合衆国

チリ
アルヘンティーナ
チュブ州
グラドヴァ

ケルト諸語文化
の復興　　　　　　　　　　　　　　　　　　0

ケルト諸語文化の復興、
その文化的多様性の意義を探る

原聖

はじめに

　本特集は、2011年1月31日（月）、2月1日（火）の2日間にわたって、東京の日仏会館で開催されたシンポジウム「ケルト諸語文化の復興、その文化的多様性の意義を探る」（鹿児島大学、日仏会館、多言語社会研究会、日本ケルト学会、科研「言語政策史の国際比較に関する総合的研究」共催）がもとになっている。このシンポジウムは、鹿児島大学でのシンポジウム「「ケルト」に学ぶ地域文化振興──〈辺境〉の〈文化力〉を考える」で講演したケルト諸語の復興運動家・

日仏会館での会場風景

研究者5人の来日の機会を東京でも有効に活用したいということで、要請して開催されたものである。東京ではさらに、ワークショップ「地域の再活性化における文化の可能性——イギリス（コーンウォール）と日本（越後妻有）の事例から」（1月26日、上智大学）、ワークショップ「グローバル化時代のケルト諸語——欧州から、また世界からの視座」（2月5日、慶應義塾大学日吉キャンパス）が行われた。

　鹿児島でのイヴェントについては、その議事録が冊子となっているので[1]、ここではその内容を詳述することはしないが、辺境地域の文化振興という「鹿児島的課題」を掲げ、まさにその模範的活動としてケルト文化を学生たちに考えさせる、ということがテーマになった。上智大学のワークショップもその方向は同じで、やはり周縁的地域での文化的イヴェントがどんな意味をもつか、地域活性化に果たす起爆剤としての文化、という視点が強調された。ここでは、ドイツの社会学者ズザーネ・クリーン（ドイツ・日本研究所研究員、以下敬称略）による「現代美術と地域活性化——越後妻有の事例から」という報告が、ダヴィス・ヒックスによる「ケルノウ（コーンウォール）の地域活性化に果たす文化の役割」の報告と比較検討されることになった。現代美術と少数言語ではその次元の異なりは大きいが、社会学者毛利嘉孝（東京芸術大学）による的確なコメントによって、議論も大いに盛り上がった。現代美術といえども地域の人たちとの対話を通じた地元との交流、逆に地元から、またそこを訪れる人々からの刺激もあり、そうした活動は展示による単なるイヴェントに終わるものではない。言語復興は、まさに地道な努力の集積という面が多いが、そのためのイヴェントは、現代美術に類似する「異化作用」的側面も含まれるのである。

　慶応大学では、ワークショップのタイトルが示す通り、ケルト諸語振興を欧州全体、また世界全体から見るとどうか、という視点から報告と議論が行われた。ダヴィス・ヒックスは、ベルギーのブリュッセルに本部をもつ「欧州少数言語事務局」で、ここ十数年にわたって活動している。この団体は欧州少数言語の連携交流機関であり、自身はケルノウ語復興の活動家だが、欧州全域のレベルで現在どういった状況になっているかも熟知しているのである。彼の報告「欧州連合の中での地域的少数言語の再活性化」は、彼のメインの活動報告といってもいいものである。

　もう一人の報告者ロバート・ダンバー（スコットランド島嶼大学）は、実はカナダのアルバ・ヌア（ノヴァスコシャ）のゲール語コミュニティ出身であ

り、ここでの報告「カナダ・アルバ・ヌアにおけるアルバ（スコットランド）・ゲール語の再活性化」は、自身が関わる活動報告である。ケルト諸語は、その主要な圏域を欧州西北部にもっているが、その話者コミュニティはディアスポラ的に世界中に広がっている。アメリカ、オーストラリアなどにも大きな共同体があるが、それを代表するのが、カナダ・アルバ・ヌアのゲール語であり、あとで見るように、アルヘンティーナのグラドヴァ（パタゴニア）におけるカムリー（ウェールズ）語なのである。

　本特集では、来日した5人に、この時のコメントや議論をふまえて改稿してもらった論文を掲載した。あとで解説するが、最初の3本は、言語的に親近性をもつブリテン語系（Pケルト語派）についてである。カムリー（ウェールズ）語は再活性化がもっとも進んでいる言語である。メイリオン・プリス＝ジョーンズは、その中心的役割を果たす言語振興機関「ブルズ・アル・イアイス・ガムライグ」（Bwrdd yr Iaith Gymraig, カムリー語評議会）の委員長である。ブレイス（ブルターニュ）語はカムリー語ほどではないが、教育、メディア、公的機関での使用が軌道に乗りはじめている言語である。タンギ・ルアルンは、民間でのブレイス語の使用の連携を仲介する公的団体「ブレイス（ブルターニュ）文化協議会」の議長である。ケルノウ（コーンウォール）語は、2000年代になって、再活性化が急速に進みつつある言語である。ダヴィス・ヒックスはケルノウ語の振興運動家だが、ケルト諸語の復興に関する社会言語学的な研究を行う研究者でもある。1995年にアルバ（スコットランド）のデュンエーデン（エジンバラ）で、4年に一度開催されるケルト学国際大会が開催された時、私はこれにあわせてアルバ（スコットランド）・ゲール語の研修会に参加した。その時、彼と一緒になり、それ以来の友人である。このあと、彼はブリュッセルの少数言語の連携機関で働くようになり、現在ではむしろそうした欧州レベルでの活動がメインである。

　これに続く3本は、言語的にはヒベルニア（アイルランド）に起源をもつゲール語系（Qケルト語）である。ゲール（アイルランド）語は、憲法では国語と規定されるが、日常的言語話者人口、その使用領域範囲から見て、明らかに少数派の言語である。2003年に新しい言語法ができ、新たな再活性化がはじまった。ネッサ・ニヒネーデは、ゲール語のテレビ番組のキャスターなどメディアで活躍した後、欧州地域語少数言語事務局の代表となって、欧州レベルで活動した。現在その代表の座は交替したが、相変わらず、精力的に活動を

続けている。

　アルバ（スコットランド）では、主な少数言語が二つあり、その一つはスコッツ語（ないしスコットランド語／ラランス語）といい、ゲルマン系言語である。独立期スコットランドでは公用語として用いられ、書きことばの伝統も長いが、現在では影が薄い存在だ。2004 年に完成した自治議会の議事堂には英語と並んでアルバ・ゲール語の表記がある。同じゲルマン系の英語があるので、系統の違うゲール語が、アルバ（スコットランド）の象徴的言語として用いられているわけである。執筆者のロバート・ダンバーは、既に述べたように、カナダのアルバ・ヌアの出身だが、現在は、スギアナハ（スカイ）島にあるアルバ（スコットランド）島嶼大学ソールモール・オスタク校で教鞭をとる。同校はゲール語講習会の拠点となっており、彼はいまやその中心的人物である。国際法の専門家であり、英国の地域語少数言語についての報告書を執筆している。

　エラン・ヴァニン（マン島）については、運動に直接携わっている人を招聘することができなかったので、運動の連携団体の中で活動しているダヴィス・ヒックスに報告を依頼し、本特集でも執筆をお願いした。マニン（マン）・ゲール語の中心的活動家であり、私も面識のあるブライアン・ストーウェルにマニン・ゲール語の部分をお願いした。

　アルバ・ヌアについては、同地出身であるロバート・ダンバー、グラドヴァについては、言語的に関係の深いメイリオン・プリス＝ジョーンズに執筆してもらった。

　本特集の最後にケルト学者ピエール＝イヴ・ランベール（フランス国立高等学術研究院）による「ケルト学」に関する入門的論文を掲載した。これは、私が代表をつとめる科研費による研究「言語政策史の国際比較に関する総合的研究」（2009-2011 年度）によって招聘が実現し、大東文化大学板橋キャンパスで行われた講演（2009 年 10 月 17 日）がもとになっている。ケルト学は言語学（とりわけ歴史比較言語学）と考古学、歴史学、文学などによる複合的分野を構成しているが、ケルト諸語文化圏、とくにケルト諸語との関わりが主要研究領域をなしている。ケルト諸語は、現在ではそのすべてが少数言語であり、復興・再活性化を目指していることも共通する。そうした活動を支える学問的裏付けが社会言語学・言語社会学なのだが、そうした領域をも含め、その全貌がコンパクトにまとめられることになる。

さてここでは、本特集の導入として、ケルト諸語文化圏に関する基礎的事項、その概観を書いておくことにしたい。

1. ケルトとは何か

1.1 ケルトの再評価と問い直し

1980年代、西欧ではケルトが再評価されはじめた。一神教（キリスト教）と合理主義とは相容れない文化、多神教と神秘主義とを合わせ持つケルト文化が西欧の基層文化として再発見されたのである。1987年、BBCのレポーター、フランク・ディレイニイの企画制作による「幻の民ケルト人」[2]、1991年、イタリアでの「欧州の最初の民ケルト人」大展覧会、エンヤ、チーフタンズなどのアイルランド音楽が欧州全域で人気を呼んだ。日本でも1990年代、アイルランド音楽、ケルト美術、ケルト妖精などのブームがあった。在東京のアイルランド人を中心に「ケルティック・フェスティバル」が組織されたのもこの頃である（1993～97年）。

1990年代後半になると、この反動といっていい動きがはじまった。「ケルト懐疑派」（Celtoscepticism）と呼ばれる人々の登場である。特に英国の考古学者を中心として、紀元前一千年紀に欧州大陸からケルト人の移住があったかどうかに疑問が投げかけられ、大規模移住が確認できない以上、この時代のブリテン諸島についてケルト文化という言い方をするのは問題だ、と主張したのである。1999年、エーレ（アイルランド）のコーキー（コーク）で開催された国際ケルト学研究大会では、「懐疑派」の代表的考古学者ジョン・コリス[3]が招待され、シンポジウムが行われた。私もその場に居合わせたが、彼の主張にもかかわらず、ケルト学研究者の間では、従来の立場を覆すのは難しいというのが率直な感想だった。とはいえ、大英博物館などでは、最近の議論を反映させる形で、この時期のブリテン島については、ケルト文化という言い方はしていない。

2005年、日本でもこの流れを受けて、日本ケルト学会研究大会でケルト懐疑派を巡るシンポジウムが開催された[4]。日本での検討は、ケルト語圏で行われている見直し論を追従することしかできないが、それでも従来の見解しか知

らない人たちには、大きなインパクトがあった。紀元前一千年紀の問題ばかりでなく、たとえば、ヒベルニア（アイルランド）の伝説が鉄器時代から継続されるものか否か（この否定論も 1990 年代である）、大陸ケルト語と島嶼ケルト語との関係など、問い直されつつある問題は多い。ここでは、こうした問い直し事項を中心にして、それにまつわる基本的事項をできるだけコンパクトにまとめておくことにしよう。

1.2　近代におけるケルトの登場とブリテン島のケルト

　とりあえず、「ケルト」という固有名詞の使用是非を検討しておかなければならない。これはすでに述べたように、考古学者のなかで「ケルト」は不要な概念だとする研究者がいるためである。

　すでに言及したジョン・コリスのほか、ライムンド・カルルが代表的論者だが、カルルによる議論[5]、また従来からのケルト考古学の権威ではあるが、新説の提唱者の一人でもあるバリー・カンリフの紹介[6]をまとめると次のようになる。

　ケルトという語彙を用いた近代最初の学者は、アルバ（スコットランド）の歴史家ラテン語学者ジョージ・ブキャナン（George Buchanan, 1506-1582）だと言われているが（『スコッティア事物史』*Rerum Scoticarum Historia*, 1582 年、ラテン語）、ここで「ケルト人」が大陸からの移住者だという記述がある。これに続くのが、ブレイス（ブルターニュ）の歴史家ポール＝イヴ・ペズロン（Paul-Yves Pezron, 1639-1706）による『ケルト人の民族と言語の古代』（*Antiquité de la nation et de la langue des Celtes*, 1703 年、フランス語）である。この時代のもっとも影響のあった書物であり、1706 年には英訳が出された。これによれば、聖書の『創世記』に登場する、「大洪水時代」のノアの孫ゴメルの子孫がケルト人であり、欧州最古の民族として、東方から到来したという。これは、欧州における「東からの光／文明の東漸」（ex oriente lux）説の源であり、その後欧州ではたいへん影響力があった。

　現代的観点からこの時代でもっとも重要な書物は、オックスフォードのアシュモレアン博物館学芸員エドワード・ルイド（Edward Lhuyd, 1660-1709）による『ブリタニア考古学』（*Archaeologia Britannica*）である。これは第 1 巻の『言語誌』（Glossography, 1707 年）のみが出版されたに過ぎないが、ケ

図1　ケルト諸語伝播の従来説

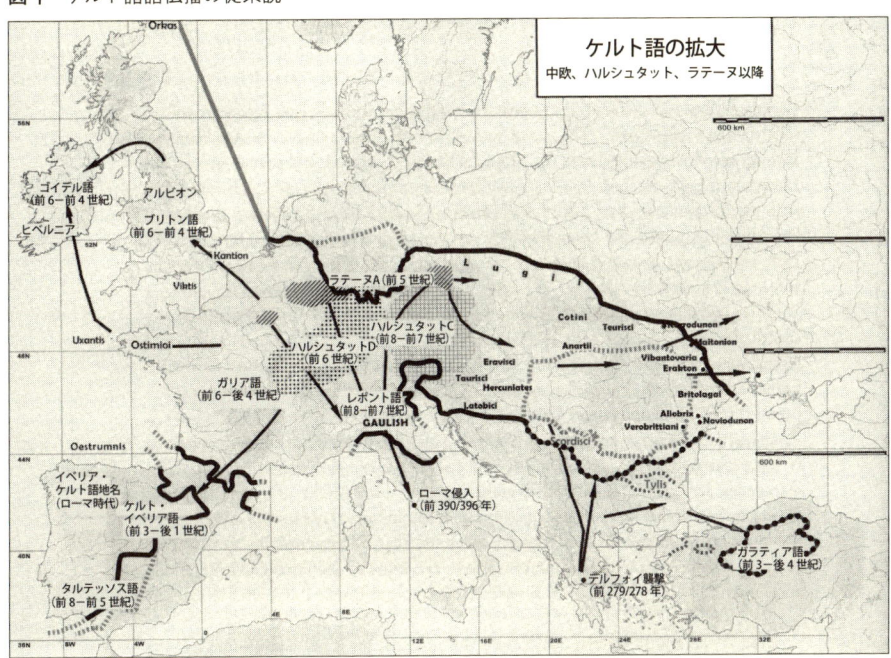

鉄器時代（ハルシュタットC期以降）以降、中央ヨーロッパからケルト諸語が拡大したという、従来の「侵略的」伝播図。太線 ▬▬ で囲まれたところは、古代ケルト語の確認できる範囲（主に地名、集団名）。点線 ●●●● で示された地域は、紀元前279～278年にケルト人がデルフォイ（ギリシア）を襲撃して以降、進出したところ。
B. Cunliffe, J. T. Koch (eds.), *Celtic from the West*, p.190 に筆者加筆。

ルノウ（コーンウォール）、カムリー（ウェールズ）、アルバ（スコットランド）、エーレ（アイルランド）、ブレイス（ブルターニュ）に直接赴き、史料を収集してまとめた作品であり、たいへん貴重である。このなかで、彼は、大陸のガリア語とブリテン諸島の諸言語（これには、エーレ・ゲール語、ブレイス語、ケルノウ語、カムリー語が入る）を区別し、ケルト語の中の「ブリテン諸語」とした。大陸からはじめにブリテン島南東部に入ったのが「Cブリテン語」（現代の「Qケルト語」につながる）であり、そのあとガリアからの第二の流入「Pブリテン語」（現代の「Pケルト語」）の到来によって、「Cブリテン語」はヒベルニアに追われ、それまで居住していた「スコット人」（こちらはヒスパニアに起源をもつとされる）が現在のアルバ（スコットランド）に移住することになった、と記述した。

この考え方は20世紀に入っても有効性をもつことになるが、従来の見解のもとになるのは、19世紀後半、オックスフォードのケルト学講座の創始者ジョン・リース（John Rhys, 1840-1915）による『ケルト人のブリテン島』（*Celtic Britain*, 1882年）である。大陸から最初に到来したのが「ゴイデル系ケルト人」（ルイドのCブリテン人）であり、続いて「ブリトン系ケルト人」（ルイドのPブリテン人）の侵入によって、ゴイデル系はヒベルニアに逃れた、とする。この立場は1960年代まで主流だった。18世紀に遡る説が現代にまで通用する事例は希有だが、これはまさにそれだったのである**（図1）**。

　ブリテン島の鉄器時代については、1960年代から、紀元前1千年紀の大陸からの移住には否定的意見が出されるようになった。ロイ・ハドソンは1960年から、グラハム・クラークは1966年から、従来の説には考古学的データがないと主張した。こうした批判を受けて、当時の権威、マイルズ・ディロンとノラ・チャドウィックは、1967年に、ケルト人のブリテン島への到来は、「鐘型杯人（Bell Beaker People）の時代にまで遡ることを否定することは難しい」（『ケルト人の世界』[7]）と述べた。鐘型杯人は、紀元前3000年紀である。

　一方では、ケルト人に関する言語的な変遷を検証する見解が目につくようになる。というより、ケルト人という民族的一体性より、言語的一体性を検証することが比較言語学の立場から行われるようになる。さらに、アイデンティティ検証の試みとして、民族的一体性としてのケルトが古代であり得たのか、という意見も主張されるようになったのである。

1.3 「タルテッソス語」、古代のケルト語の拡張

　古代のケルト語について、従来は、大きくいうと、大陸ケルト語と島嶼ケルト語という分類がまずあり、大陸ケルト語は古代のギリシア・ローマの時代に存在した言語で、イベリア半島のイベリア・ケルト語、イタリア半島北部のレポント語、小アジア、今のトルコに居住したガラティア語などが大陸ケルト語として認定されていた。こうした現在のケルト諸語を巡る議論の出発点は、1987年、比較言語学者コリン・レンフリューによる『考古学と言語』[8]であり、彼の見解によると、印欧祖語はアナトリア（現トルコ）を原郷とし、農耕文化とともに、紀元前6000年〜5000年に欧州と南アジアに流入した。そこから発展したケルト語が現在のケルト諸語のもとになり、これは今日確認されてい

図2　ケルト語系地名の累積化地図分布

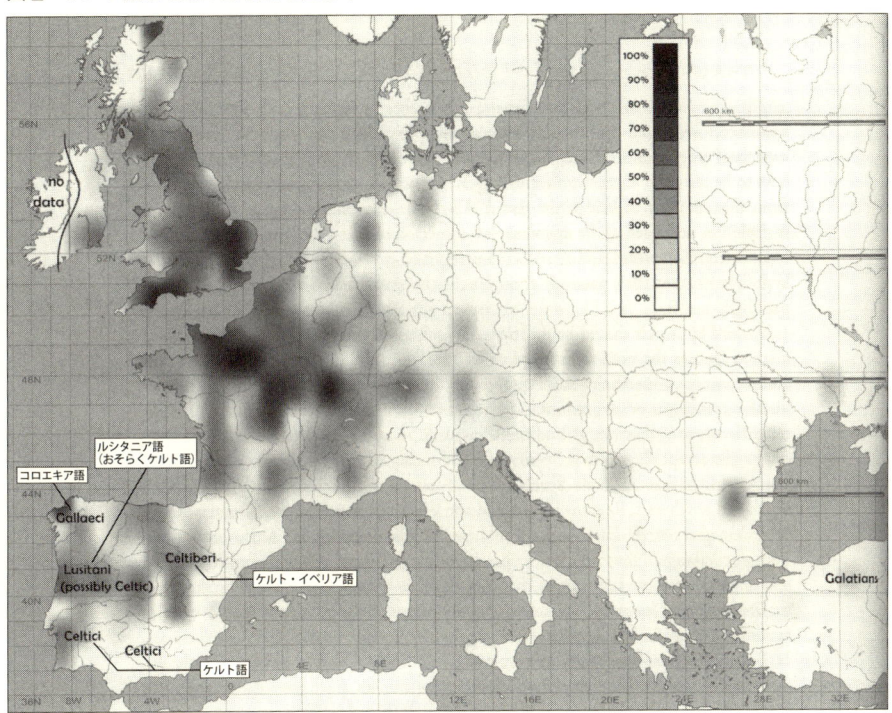

古代地名における、ケルト語による地名のパーセンテージを濃淡で示した地図（欧州と小アジア）。パーセンテージが高いのは、ブリタニア、ガリア、イベリアである。ヒベルニア西部はこの種のデータがないため白色になっている。

Cunliffe / Koch (eds.), *op. cit.*, p.124 に筆者加筆。

るケルト諸語の分布に対応するのである。

　2006年、ケルト学者パトリック・シムズ＝ウィリアムズとステフェン・オッペンハイマーは、ケルト諸語の領域圏に関する総合的な検討を行い、ケルト系地名の累積的地図を作成した（**図2**）。累積地名図から居住年代を推定することは難しいが、古くからの居住、また長期的居住の証にはなる。この地図と今日知られているケルト諸語の領域とを比較すると、二点疑問点が浮かんでくる。一点は、古代ケルトにおいて「中心地」とされた「ハルシュタット・ラテーヌ」文化圏（現在のスイス・オーストリア地域）より、むしろガリア（現フランス）から大西洋沿岸地域が中心的といえることであり、もう一点は、イベリア地域、とくにケルト・イベリア語地域とはいえない、現在のポルトガル

地域でのケルト系地名の割合が高いことである。

この二点を一挙に解決する解釈が 2009 年になって提出された。これが現在アベリストゥウィス大学でケルト学プロジェクトの主導的役割を果たしている、ケルト学者ジョン・コッホによる、タルテッソス語がケルト語である、という主張である[9]。タルテッソスは、現在のスペイン南部グワダルキビール河河口域にあったとされる古代王国

図 3　タルテッソス語石板

上部左端から右に「✛Ξ✛10目1Aヘw」。右から左へ i kalte loko と読む。
Cunliffe / Koch (eds.), *op. cit.*, p.210 より。

であり、ヘロドトスの『歴史』（前 5 世紀）、また大プリニウスの『博物誌』（1 世紀）にストラボン（前後 1 世紀）の記述として引用される王国である。

このタルテッソス語の石碑は、前 8 世紀から前 5 世紀の比較的短期間のものであり、文字はフェニキア語から学んでいることがわかっている（フェニキア語を参照して解読された）。石碑発見の場所は古代フェニキア人（前 15 世紀〜前 8 世紀）のコロニーに近接し、おそらくその最終繁栄期の前 8 世紀にその文字が伝えられ、タルテッソス人も用いることになったのではないかと推測されている。これをコッホが再解釈して、ケルト語として解釈するとほとんどが読解可能と発表したのである。

そのうちの 1 つには「ネリ〔部族名〕の神ルゴヴェスに祈願し、この墓碑は「カルテ」の貴人のものである〔……〕」と判読可能な、非常に興味深い墓碑がある[10]。ルゴヴェス (lugoves) はヒベルニア（アイルランド）の伝承に登場する技芸の神ルグス（ルー）に比定できる。また「カルテ」(kalte) は、ギリシア語の「ケルトイ」ないし「ガラタイ」であり、ケルト／ガリアと同類と考えることが可能である。となると、「ケルト」はすでにこの時代に自称として存在していた、ということになるので、この主張は今後さらに検証が必要だが、

大西洋地域がケルト文化の中心地であることを証明する大きな物証として、注目すべきものである (図3)。

これが認められると、この大西洋沿岸域からブリテン諸島へ、また欧州大陸中部へとケルト文化が広がったとする、もう一つの新見解が説得力をもつようになる。

1.4 「ハルシュタット／ラテーヌ文化」とケルトの関係の再考

19世紀フランスにおけるケルト学の大家アンリ・ダルボア＝ド＝ジュバンヴィル (Henri d'Arbois de Jubainville, 1827-1910) が、ケルト文化の起源を「紀元前1千年頃、中部ヨーロッパ」と指摘し、それが現代まで継承された**(図1参照)**。これは19世紀半ばに発掘されたハルシュタット遺跡とラテーヌ遺跡が、ケルト文化と密接に結びついているという主張に基づいている。これは物質文化のある側面が言語文化とも結びつくという考え方でもある。ライムンド・カルルによると、こうした見解は、ドイツの戦前の民族主義的考古学者グスタフ・コッシナ (Gustaf Kossinna, 1858-1931) による、民族起源と物質文化の特徴とを結びつけて考える思考法が有力な根拠となったという。コッシナは、縄目文土器文化 (Corded Ware Culture) がアーリア人の広がりを示すものであり、なおかつこれが印欧語の起源をなす文化であり、さらにこれを受け継ぐのが、現代のゲルマン＝ドイツ文化／人種だと主張したのである。ケルト人の場合は、ハルシュタット／ラテーヌ文化という物質文化である。

また、1971年、フランスのケルト学者ルジョンヌ (Michel Lejeune, 1907-2000) によって、紀元前6世紀という古い年代にはじまるレポント語がケルト語であると確認され、これがアルプス周辺域 (イタリア北部) であることから、ケルト人の起源がアルプス周辺にあることを確証するかに見えた。だがこれも、タルテッソス語がケルト諸語の一員ということになって、その見解が揺らぎはじめているのである。

1.5 古代ケルト人は存在しなかった？

「ケルト本質主義」(Celtic essentialism) 批判の考え方は、哲学者ウィトゲンシュタインの影響下で、1990年代、名付けられる文化の実体性が批判され

るなかで展開しはじめたものである。この主張はさらに言語にまで及び、言語もこうした物質文化の一つであるから、ケルト諸語の話し手を実体化することは、ケルト民族の実体化につながり、まさにコッシナと同様の民族論だという批判にまで行き着くことになる。これが、サイモン・ジェームズ（1999 年、『大西洋のケルト人』[11]）やジョン・コリス（2003 年、『ケルト人、起源、神話、捏造』前掲書）などの主張なのである。

　コリスなどの主張によれば、「ケルトイ」「ケルタエ」「ケルト」という名称は自称ではなく、紀元前の時代のギリシア人・ローマ人がアルプスの北側に住む人々をさして呼んだ他称である。ホメロス（前 8 世紀）では、欧州の北方・西方に居住する人々を固有名詞では名指ししていない。ヘシオドス（前 7 世紀）、アエスキュロス（前 5 世紀）で、ヒュペルボレオス人（極北人）という言い方で呼ばれるのが、ケルト人ではないかと推測されている。ミレトスのヘカタイオス（前 540 頃 -475）が「ケルト人」に言及する最初の歴史家である。

　自称としての使用もないわけではない。ヒスパニアのラテン語詩人マルティアリス（40 頃 -102 頃）は、自身を半分ケルト人、半分イベリア人と規定している。ガリア（現フランス）のシドニウス・アポリナリス（430 頃 -489）は、自身がケルト人の血を引いているという言い方をしている。

　ただし、こうした言い方であっても、現在言うところの自らの帰属意識の表明であるとは認められておらず、氏族・民族的一体性をもつ集団とはみなされない。しかも、このアポリナリスが現在形としてケルトに言及する最後の古代人であり、以降、セビリアのイシドールス（560-636）が過去形でケルト・イベリア人に言及するのを最後に、ケルト人についての記述は姿を消すのである。

　とはいえガリア人という言い方は継続的に用いられた。すでに述べたように、ケルトとガリアは語源的に同一だという説もあり、ケルトという固有名詞だけを絶対化するのもあまり意味はないかもしれない。

1.6　ケルトの位置づけの現状

　バリー・カンリフによる、現状でもっとも説得的なケルト諸語の位置づけをここで紹介しておくことにしよう。考古学と比較言語学の現代までの成果を統合するものであり、たいへん興味深い説である。

図4 古代世界での印欧語族の広がりとケルト語

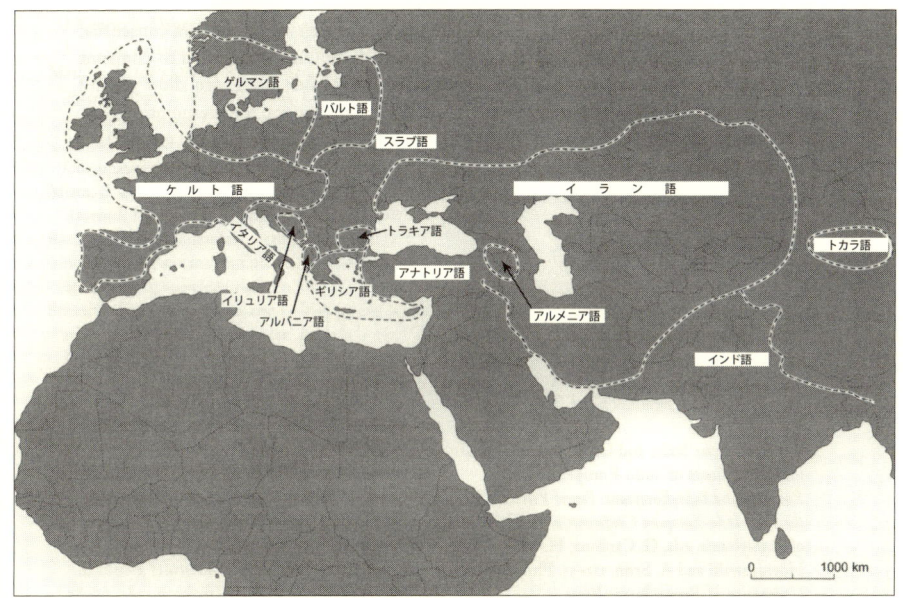

Cunliffe / Koch (eds.), *op. cit.*, p.164 に筆者加筆。

第1段階

　前5000年から前2700年まで。欧州に農耕文化、すなわち新石器時代が到来するのは前7千年紀、ギリシアだったが、前5300年頃までには、一方はダニューブ河から中北部欧州へ、もう一方は地中海を経て現フランスの北西部に到達すると推定されている。この間、前5500年頃から前3800年頃にかけてイベリア半島の特に大西洋沿岸部では、狩猟採集社会から農耕社会へと移行する。

　印欧語が欧州に拡大するのは、この農耕文化の拡大と同一視されている。おそらくここには人の移動を伴った文化の移転があったと推定される。大西洋沿岸域に到達した人々のなかで、「ケルト祖語」が形成されることになった（図4）。

　この時代で興味深いのは、石積羨道墳（stone-built passage grave）、いわゆる巨石文化（megalithic culture）の広がりである。これは、前5千年紀初め、イベリア半島南部のテージョ（タホ）河河口域から始まり、前5千年紀後半にはアルモリカ（現ブルターニュ）に、さらに前4千年紀前半にはヒベルニア、

図 5　巨石文化の分布図

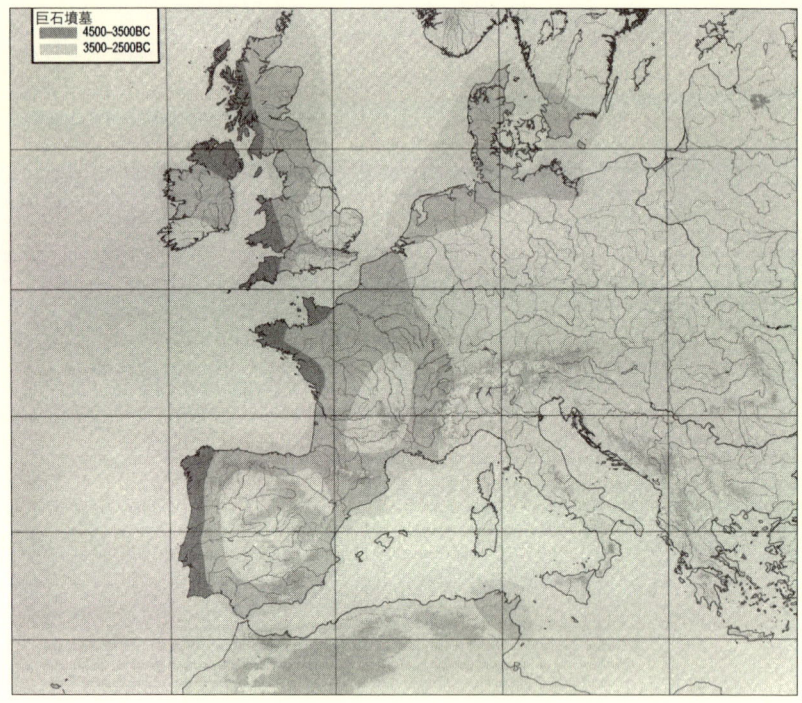

巨石建造物は大西洋周辺地域に分布するといっていいだろう。初期の羨道墳（前 4500 〜前 3500 年頃）は大西洋沿岸部であり、こうした巨石に関わる思想と技術が大西洋沿岸の海洋を通じて伝播したことを伺わせる。

Cunliffe / Koch (eds.), *op. cit.*, p.24 に筆者加筆。

ブリタニアに広がり、前 3000 年までにはブリタニア北部、現オークニー諸島にまで到達した。この後、前 3 千年紀前半までに、ガリアから欧州大陸北西部（現オランダ、デンマーク地域）にまで拡大するのである。巨石文化は、欧州の大西洋沿岸部がその起源であり、中心地であった **(図 5)**。

第 2 段階

　前 2700 年から前 2200 年。いわゆる沿岸域鐘型杯（Maritime Bell Beaker）が、おそらく前 2800 年〜前 2700 年頃、テージョ河河口域から西欧全域に広がる。銅製造技術もまた前 2400 年頃、このテージョ河河口域から始まり、前 2200 年頃にはヒベルニアにも伝わった。さらにスズや青銅の生産もこの段階

の末期、この大西洋沿岸域ではじまった。

　かつては、「杯人」（ビーカー・ピープル）という「民族」が欧州を覆った時期といわれたが、そうした民族的一体性には、現代の考古学者たちは否定的である。とはいえこの時代、欧州全域での移動がかなり頻繁で、それは人間の骨格分析からもその均質性が証明できるようだ。

　こうした大西洋域の文化の欧州内陸部への広がりは、おそらくケルト諸語の拡大とつながっていて、「杯人」の拡大と同一視することも可能ではなかろうか、という推測がある。

　前3千年紀のもう一つの重要事項は、黒海沿岸のステップ地域から東欧一体に遊牧騎馬文化が流入したことである。かつてはこの騎馬文化が印欧語流入の起源と思われていたのである。

第3段階

　前2200年から前800年にかけて。前2千年紀から前1千年紀はじめにかけては、ブリテン島南東部と、フランス北部などの欧州大陸との関係はさらに緊密になる。この時代の後半がいわゆる「大西洋青銅器時代」（Atlantic Bronze Age）である（前1300年〜前800年）。この時代、ケルト語は大西洋沿岸部の「共通語」として用いられた。

第4段階

　前800年から前400年。前8世紀、大西洋域の頻繁な交流が途絶える。これは考古学的証拠から言えるが、その理由は複合的である。大きな要因の一つは、前2千年紀後半から繁栄したフェニキアが、前8〜7世紀にその活動域を大西洋域にまで広げたことがあるようだ。ブリテン諸島と大陸との交易は、前500年頃までは続けられるが、以降、その関係が途絶える。この状況は前1世紀、すなわちローマ帝国の支配期まで続いた。

　こうした交流の途絶える時代に、ケルト語は分化し、ケルト諸語を形成することになった。

1.7　ケルト諸語の分類

　コッホなどによる最新の見解をもとに描くと次のようになる。

図6　ケルト諸語伝播の新説

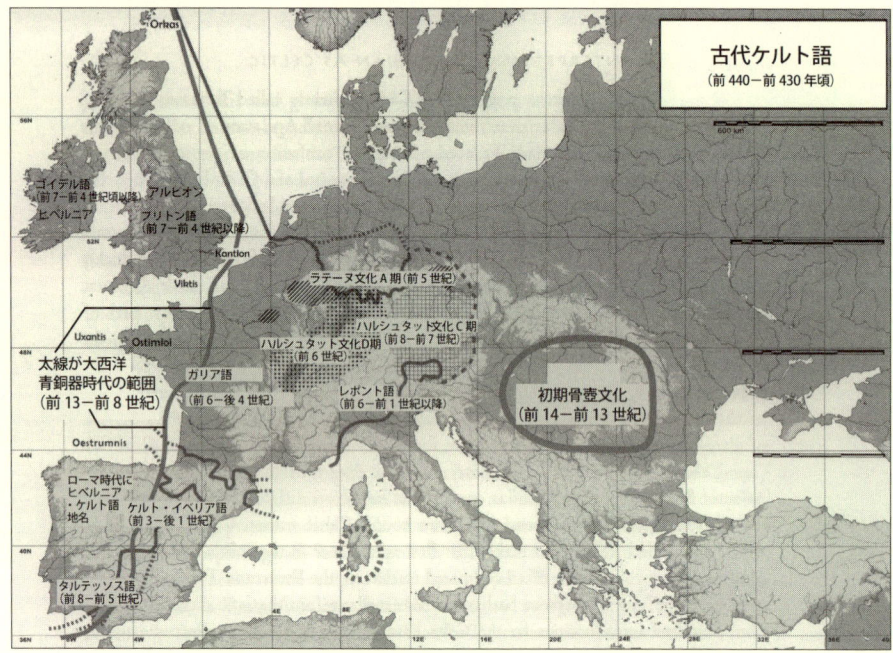

ケルト諸語は大西洋青銅器時代（前13〜前8世紀）にイベリア半島の大西洋沿岸域で発達し、タルテッソス語（前8〜前5世紀）、ゴイデル語、ブリトン語（ともに前7／前4世紀以降）、ガリア語（前6〜後4世紀）、レポント語（前6〜後1世紀）と拡大した。前5世紀半ばにはイベリア半島、イタリア北部、ドイツ南部に広がり、ほぼ西欧全域を言語域とした。この時代の物質文化であるハルシュタットC・D期、ラテーヌA期とも重なるがイコールではない。

Cunliffe / Koch (eds.), *op. cit.*, p.193.

　大分類としては、場所による区別として、大陸ケルト語と島嶼ケルト語という分類と、言語の類似性に基づくPケルト語とQケルト語がある。大陸ケルト語はすべて死滅言語であり、古代ケルト語を扱う場合には便利な分類である。とりあえず古代ケルト語について述べ、そのあと、現代ケルト諸語を概説することにする（図6）。

1.7.1　大陸ケルト語

　系統的にはPケルト語に属するガリア諸語と、Qケルト語に属するケルト・イベリア語に分かれる。

ケルト・イベリア語派に属する北東部ヒスパニア・ケルト語は、狭義のケルト・イベリア語である。イベリア半島北東部で発掘された200点ほどの石碑があり、地名も多い。前3世紀から前1世紀に確認される。2009年、コッホによってケルト語だと主張されたタルテッソス語は、このケルト・イベリア語派に属するとされる。前7世紀から前6世紀までとされる95点の石板がある。確認されるケルト語としては最古である。イベリア半島には、このほか、ルシタニア語（1世紀〜2世紀）があるが、わずか5点の碑文が知られるのみで、素性はわかっていない。ケルト祖語に近い言語ともいわれる。史料が少ないので、その位置は確定的ではない。

　ガリア語派のなかで、比較的多くの史料で知られているのが、現在のフランスに相当する地域に広がるガリア語である。紀元前6世紀前半（前575年頃）から、紀元後3〜4世紀まで、石碑などの記録がある。ギリシア文字、ラテン文字の碑文が数多くあり、近年でも数年に一度は新たな石版が見つかっている。したがって、ガリア語についてはかなり研究が進展した。

　レポント語は、前7世紀から前4世紀までの史料があり、ガリア語の初期段階を伝える言語と考えられている。ガリア語は現在のフランス語地域のほかイタリア北部にも分布していたが、レポント語はイタリア北部のみである。ガラティア語は前3世紀から後4世紀にかけて小アジア中部（現トルコ）で確認される言語で、ガリア語と類似する。したがって、ガリア地域からの移住によってもたらされた言語と考えられている。現在のオーストリア、スロヴェニア地域で、前4世紀から後1〜2世紀に確認されるノール語は、わずか2点の碑文があるのみで、ほかは地名・人名のみだが、やはりガリア語地域からの移住者の言語だろうと推測されている。

1.7.2　島嶼ケルト語派

　島嶼ケルト語は、Qケルト語派のヒベルニア（アイルランド）島のゲール語系と、Pケルト語派のブリタニア（ブリテン）島のブリトン語系とピクト語に分類できる。ピクト語のみ死滅語であり、系統的にPケルト語に分類されることが多いが確定的とはいえない。8世紀のベーダが、ゲール語やカムリー語と異なるピクト語の存在を記しており、この頃は話し手がいたとみなされているが、いつ頃が起源かはわかっていない。

　ケルト諸語の数字から、その系統関係を例示しておこう。「1」はゲール語系

では「イーン」(aon, ゲール語)、「ナーネ」(nane, マニン語)、「エーン」(aon, アルバ・ゲール語) であり、ブリテン語系では、「ユナン」(unan, ブレイス語)、「イン」(un, カムリー語)、「オナン」(onan, ケルノウ語) と多少ヴァラエティがあるが、英語の「ワン」(one) によく似ている。「3」はすべて「トリ」であり、英語の「スリー」(three)、フランス語の「トロワ」(trois) である。インド＝ヨーロッパ語族として、ゲルマン語やロマンス語と同属であることがわかる。

また、「4」はゲール語系では、「ケハール」(ceathair, ゲール語)、「キアーレ」(kiare, マニン語)、「ケヒール」(ceithir, アルバ・ゲール語) だが、ブリテン語系では、「ペヴァール」(pevar, ブレイス語)、「ペドワール」(pedwar)、「ペスワール」(peswar, ケルノウ語) となり、「5」では、「クイク」(cuig, ゲール語)、「ケイク」(queig, マニン語)、「コイク」(coig, アルバ・ゲール語) に対して、「ペンプ」(pemp, ブレイス語)、「ピンプ」(pump, カムリー語)、「ピンプ」(pymp, ケルノウ語) と、ゲール語系では、K の音が、ブリテン語系では P の音が対立的に出現する。この特徴から、ゲール語系を「Q ケルト語」、ブリテン語系を「P ケルト語」と呼ぶのである。

ゲール語系はアルカイックな屈折語尾を現在でも保持しているので、古く（おそらく紀元前）から独自の発展を続けたと思われる。一方、ブリテン語系は、ガリア語との接触がローマ帝国時代も続いていたと推定され、それがガリア語との言語的親縁性を生んでいるようだ。カエサルの『ガリア戦記』にガリア人とブリトン人との交流を示す記述がある。

ヒベルニアのゲール語を話す人々は、ローマ帝国時代にスコット人と呼ばれていたが、3 世紀から 5 世紀にかけて、たびたびブリタニアに侵攻した。その北部を占領した人々が、今日の「スコット人の土地」、スコットランドを築くことになる。征服された人々は、ローマ人から「彩色人」すなわちピクト人と呼ばれていた。おそらくこの名称は、刺青の習慣を表すものだろうが、このピクト人もまた既に述べたように、ケルト系の言語をもっていたといわれている。

ブリタニア北部、とりわけシェトランドなどの島嶼部は、その後、スカンジナビアからの「北方の民」ヴァイキング襲来の拠点となったところであり、マニンなどは、15 世紀までその足跡がある。16 ～ 17 世紀でも、ゲール（アイルランド）語の聖書がそのままアルバ（スコットランド）で用いられるなど、ゲール語系は交流の記録があり、言語的近接性が現在でもかなりの程度残っ

ている。

　一方、ブリテン語系は、ローマ帝国の時代には、現在のイングランド全域を言語域としていたが、5世紀以降のゲルマン人の侵入により、まずアルバとの境界地域、カンブリアが現在のカムリー（ウェールズ）から分離して、ケルト語圏としては消滅した。カンブリアはカムリーと語源はまったく同一で「同郷」を意味する。

　カムリーとケルノウ（コーンウォール）、ブレイス（ブルターニュ）は、5世紀から8世紀にかけて、聖人の布教など接触、交流がつづき、その頃の足跡をとどめる共通地名も多い。言語的にも11～12世紀頃までは、相互理解が可能だったようだ。12世紀はいわゆるアンジュウ帝国という、英仏にまたがる王国が存在していて、もともとブリテン語圏で流布していたアーサー王にまつわる伝説が、大陸ヨーロッパに広まった時代である。おそらくこの頃までは、ブリテン語としての一体性が保たれていたのである。その後、英仏両国それぞれに王国が成立し、境界が明確になると、ブリテン島とブレイス（ブルターニュ）半島との交流も疎遠になっていく。ただ、英仏海峡を挟んで対岸にあるケルノウとブレイスは、15世紀までは緊密な交流が続き、その言語も相互理解が可能だったようだ。16世紀以降、国民国家のもとになる王国の支配が強まると、そうした交流も途切れるようになり、それぞれ固有の言語としての独自性が確立することになる。

　なお、本特集で用いる固有名詞は、自称言語による表記を原則とした。ケルト諸語はすべて少数言語であり、日本語表記では、普段、こうした言語による自称に接することはほとんどない。こうした試みは大言語表記を相対化するためであり、少数言語の位置を常に念頭に置いておくためには重要である。

　ちなみに、ブルターニュというフランス語の地名が一般化するのは、フランスという（フランス語での）固有名詞と同様、フランス語が言語として確立し、その使用が一般的になりはじめる10世紀～11世紀である。ウェールズ、スコットランドという英語の地名もほぼ同時期である。いっぽうアイルランドという地名は15～16世紀、すなわちブリテン島からの英語系移民が増えはじめて一般化するにすぎない。

2. 各言語の現状

次に各地域の現状を見ていくことにしよう。最初に現在のイギリスに含まれる地域について、北からアルバ（スコットランド）、カムリー（ウェールズ）、ケルノウ（コーンウォール）と進み、マニン（マン）島を経由して、独立国エーレ（アイルランド）、フランスの一部であるブレイス（ブルターニュ）、最後に、最近の概説書でケルト語圏として認められるようになった、カナダのアルバ・ヌア（ノヴァスコシャ）とアルヘンティーナのグラドヴァ（パタゴニア）について解説する**（4頁、地図参照）**。

ケルト文化圏としては、このほかスペインのガリシアとアストゥリエス（アストゥリアス）が取り上げられる場合がある。紀元5世紀から8世紀にかけてのブリテン人の大陸への移住では、その一部がアルモリカ（現ブレイス／ブルターニュ）ばかりでなく、イベリア半島大西洋域、アストゥリエスからガリシアにかけて渡った経緯がある。ガリシア、アストゥリエスに地名として残るブリトニアなどはその証拠である。ただ、ほぼ1世紀ののち、9世紀中には言語としては消滅し、地元の民に同化したようだ。したがって、本書では取り上げない。

2.1 アルバ（スコットランド）

英語での地名はすでに見たように、「スコット人の土地」を意味する。自称は「アルバ」（Alba）である。ラテン語だと「白」を意味するが、アリストテレス（前4世紀）の「世界論」に登場する、「アルビオン」（Albion）がそのもとになっている。その語源はわかっていない。ほぼ北海道に相当する7万8,000平方キロの面積に500万人の人口を擁する。ただ、そのゲール語（Gàidhlig、ガーリクと発音）人口は約6万人である。

アルバは、北部の伝統的ゲール語地域（Gàidhealtachd、ガールタハク、ただし本書ではゲールタハクと表記）すなわちハイランド（高地）と、南部のローランド（低地）に分かれる。ローランドは、伝統的に英語に近いゲルマン語系のスコッツ（スコットランド）語（Scots）が用いられ、ゲール語では「ガルダハク」（Galldachd）、すなわち「異人の地」と呼ばれる。スコッツ語はララ

ンズ（ローランド、lallans）語という名称もあるが、17世紀以前、独立時代のアルバでは文章語としても用いられた言語である。アルバではむしろこの言語の権威が高く、大部の辞書も出版され、文学運動もその広がりは大きい。とはいえ、ゲール語は英語との違いが大きいので、アルバのアイデンティティとしては、やはりゲール語を重視しているようだ。

　歴史的には5世紀に、ヒベルニア（アイルランド）からの植民者による王国「ダルリアダ」が、それまでの先住民の王国「ピクト」と争いを繰り広げ、9世紀には融合して、ケネス1世による「アルバ王国」建設につながるとされる。11世紀には、ブリトン人支配地域のストラッフルイ（ストラットクライド、現グラスゴー地域）と、ゲルマン語圏のロジアン（現エジンバラ地域）に進出し、現在にアルバ（スコットランド）になる。18世紀半ばでは、50万から70万人が、19世紀末では、25万人ほどがゲール語話者だったと推計されている。この時期の減少は産業革命による都市への人々の流入が大きかったと思われるが、それ以降は英語による義務教育（1872年以降）が最大の原因だろう。ゲール語とのバイリンガル教育が導入されるのは、1984年である。

　ブレア労働党政権の分権化政策の一環として、1999年に自治議会が生まれた。イングランドに対抗する自治意識は高く、独立への指向性をもつアルバ（スコットランド）民族党が、2007年以降、自治議会で第1党となり、政権を担っている。だが、過半数を持たない少数派政権であり、独立まで至るのはなかなか難しいようだ。

　アルバ（スコットランド）で我々にとってなじみ深いのは、まずはバグパイプと、その演奏とペアになっている民族衣装キルトだろう。しかし、バグパイプ型楽器は、アルバ（スコットランド）特有のものというわけではなく、かつては欧州全域にあった。また、キルトも、アルバでの特有性を意識して一般化されたのは18世紀で、それほど古い民族衣装とはいえない。

　産業革命のもとになった蒸気機関の発明者ジェームズ・ワットはアルバ出身であり、産業革命の拠点の一つがここだったことも間違いない。それに伴って炭坑業も18世紀半ば以降、たいへん盛んだった。思想家アダム・スミス、電話の発明者グラハム・ベルなど有名人を輩出しており、この時期以降、現代に至るまで、まさに現代文明を牽引してきたといっていいだろう。こうした近代史ばかりでなく、1960年代から開発が進んだ北海油田も、イギリスではその精製はほぼアルバが独占しており、これも民族党伸張の背景となっている。

宗教的にはプロテスタントとカトリックが拮抗していて、カムリー（ウェールズ）のように、言語の擁護の背景に宗教があるとはいえない。ゲール語が残るのは、ゲールタハクの、とくにリョーイス・アガス・ヘレグ（ルイス・ハリス島）など、過疎化の進んだ漁村地域であり、そこに保存される民謡や民話が言語の保存にも大きな役割を担っている。18世紀の半ば、マクファーソンのフィンガル（3世紀とされるケルトの伝説的英雄）についての一連の作品（1860年代）が、その発端として記録されて、それは、西欧合理主義の反動として誕生するロマン主義の最初の作品といわれる。

2.2　カムリー（ウェールズ）

自称はカムリー（Cymru）である。ほぼ四国地方に相当する2万平方キロの面積に、290万人が暮らしている。カムリーの語源は「カム」（ともに）、「ブロ」（郷）で、「同郷」である。イングランド北西部の古い地名「カンブリア」（Cambria, 現在の湖水地方など）と同一の語源であり、これはこの地方に、ゲルマン人侵入以前は、現在のカムリーと同じアイデンティティをもつ人々が暮らしていたことを示している。6世紀に成立したといわれる文学作品には、この地域の「カンブリア／カムリー」人が描かれている。7世紀以降、カムリー語話者は現在のカムリーに限定されるようになる。

中世のカムリー（ウェールズ）は群雄割拠の時代が続き、カムリー出身のヘンリー7世がイングランド・テューダー王朝を開き、カムリーはイングランドの一部と認識されるようになった。1536年の合同法によって、法的にイングランドの一部となった。

伝統的には羊の放牧を中心とした牧畜が主産業だが、19世紀以来、カムリーは石炭と鉄鋼業で潤うようになった。映画「我が谷は緑なりき」（ジョン・フォード監督、1941年）の舞台となった炭坑はカムリー、とくに南部地方の典型的イメージであり、そこに登場する男声合唱もまさにカムリー的イメージの代表である。

合唱文化は、18世紀、カムリーにおける、プロテスタントのメソジスト・リバイバル（信仰復興運動）によって育まれた。ここでカムリー語が系統的に用いられたので、その言語保存にとってこの運動は重要な意味をもった。

言語保存に重要だったのは、18世紀末に、ケルト復興運動のなかから誕生

した民俗文化祭「アイステズヴォッド」（Eisteddfod）である。ケルト復興運動というのは、キリスト教以前の文化としてケルトを考え、それを自らの文化の基層とみなして再興しようとする運動であり、18世紀後半にカムリー（ウェールズ）、エーレ（アイルランド）、ブレイス（ブルターニュ）などで始まった。19世紀後半には交流運動も盛んになり、そうしたところから、エーレの独立につながるような、民族運動も誕生することになったのである。

　20世紀になり、農村地域の過疎化、さらには炭坑業の斜陽化が進展するとともに、カムリー語人口も減少した。それは欧州のどの少数言語とも共通するが、カムリーでは1980年代にその減少に歯止めがかかった。カムリー語教育運動は、両大戦間期にはじまるが（1922年設立の「イルズ・ゴバイス・カムリー」（Urdd Gobaith Cymru, カムリー青年団））、1967年の言語法により英語とカムリー語は法的に平等となり、1970年代には自主教育運動が軌道にのる。1980年代の教育改革、また1993年の新たな言語法によって、カムリー語は教授言語としても用いられるようになった。ラジオ（ラジオ・カムリー）が1978年に、カムリー語テレビ（「エス・ペドワール・エック」S4C）が1982年に開局した。

　もっとも重要な画期は、1999年のカムリー自治議会の開始である。これは労働党ブレア政権の分権化政策のなかで生まれた政策であり、アルバ（スコットランド）では、3分の2が賛成したが、カムリー（ウェールズ）では、わずか1％の差で賛成票が上回り、実現したのであった。アルバに比べて、イングランドへの統合が200年近く古く、またチューダー朝以来、英国王室へのカムリーの組み入れがあり、文化的なイングランド化が相当進んでいたのである。教育においては、現在では、ほぼ100％の児童生徒が何らかの形でカムリー語に接しており、言語文化の復興は、ケルト諸語のなかでもっとも進んでいるといえる。西ヨーロッパの少数言語のなかでも、バスク（自称はエウスカル・ヘリアないしエウスカディ）、フリースラント（フリジア）と並んで模範的復興例として、よく話題にのぼる。現在のカムリー語話者は、人口の4分の1弱、66万人だが、今後、増加に転じるのは確実である。

　なお、カムリー語は、1993年の「カムリー言語法」、また1999年の「カムリー自治議会法」によって、英語と同等の法的権利を保障されていたが、2010年、12月7日にカムリー議会で可決され、2011年2月9日に国王裁可を受けて正式に法律となった「カムリー言語法」によって、カムリー内で正式

に「公用語」となった。これにより、これまでの「カムリー語評議会」の権力をさらに強化する「カムリー語担当官」が任命され、カムリー語使用の「権利」が保護されることになった。

2.3　ケルノウ（コーンウォール）

　ほぼ埼玉県に相当する 3,500 平方キロの面積に、50 万人が暮らしている。19 世紀末以降、言語の復活運動があり、現在では数十家族、500 人ほどの家庭言語であるといわれている。

　577 年の「ダラムの戦い」で西サクソン人がブリトン人を破り、現在にカムリーとケルノウが分離することになった。サクソン人との戦いはその後も続き、936 年には、アセルスタン王に敗北して、デヴォン地域からの撤退を余儀なくされる。その後、コーンウォール公（イングランド王位の相続人）が 1336 年に創設されて、イングランドに統合されることになる（ちなみに、ウェールズ公（第一王位継承者）の創設は 1343 年である）。

　ブレイス（ブルターニュ）のモン・サン＝ミシェルと同一名称で、規模は小さいが同じような景勝地であるセイント＝マイケルズ・マウント、同じくブレイスの「ペン・アル＝ベッド（フィニステール）」と同一の意味の地名「ランズ・エンド」など、ブレイスとは少なからず縁がある。ケルノウ（コーンウォール）語とブレイス（ブルターニュ）語は、少なくとも 15 世紀までは相互理解可能だったが、これは、この頃まで交流が盛んだったことを示している。今日、ケルノウ語とブレイス語が言語的に近接するのはこうした歴史的事情が大きい。

　14 世紀から 16 世紀までは、ケルノウ語話者は 3 万 3,000 人ほどだったという。衰退のはじまるのは 16 世紀であり、この時期に（ほかのケルト語圏と異なり）、宗教書がほとんどケルノウ語に翻訳されなかったのが大きかった。17 世紀後半には教会の説教などでも用いられなくなったのである。1700 年、すでに指摘した『ブリタニア考古学』の著者エドワード・ルイドがケルノウを訪れた。この頃は、ケルノウ半島の突端部ではまだ生きた言語であり、その発音についてもルイドは記録した。1789 年には、地元、レスルース（レドルース）のウィリアム・プライスが『ケルノウ・ブリタニア考古学』(*Archaeologia*

Cornu-Britannica）というルイドの著作をまねた本を執筆する。これが生きた言語としての最後の記録だが、最後の母語話者ドリー・ペントリース（Dolly Pentreath）が死亡するのは1777年であった。

とはいえ、死滅したことについては異論もあり、19世紀を通じて、家庭の言語としては生き続け、また教会での祈禱文、漁師たちの用いる数詞は20世紀まで（すなわち復興運動が開始されるまで）使われ続けたという指摘もある。たとえば、復興運動家ベレスフォード・エリスによれば、1860年にケルノウ語の祈禱文が記録されているし、1925年には、漁師から数詞を記録した文書がある。

ケルノウ（コーンウォール）で有名なのは、スズ鉱山である。18世紀までは主産業だったが、19世紀後半から衰退がはじまった。これを補ったのが、海岸の景勝地を中心とした観光客である。また、ティンタジェル城をはじめとするアーサー王関連の史跡が多いことでも有名で、これが観光に結びついたわけである。ティンタジェル城は、アーサー王ブームに乗って観光客を集めようと、1850年にこの名になった。またピクシー、ブカブー、ノッカーといった妖精の棲処として、神秘の土地としても有名で、これも観光資源となっている。21世紀になって、ケルノウとデヴォン州の鉱山景観が世界遺産に登録されて、これも観光資源となった。

ケルノウ語復興運動は、20世紀のはじめ、ヘンリー・ジェナー（Henry Jenner, 1848-1934）によってはじまった。1904年に入門書『ケルノウ語概説』を刊行し、同年開催された「ケルト会議」で「ケルノウがケルト民族の一員」であると宣言した。1907年にはケルノウの「ゴルセズ」（Gorsedd, 古代ケルトの文人集団で、カムリーのモルガヌックによって18世紀末、再興された）を創設した。ケルノウでは、この「ゴルセズ」が言語復興と一体化して20世紀後半まで継続される。

政治運動としては、1951年に設立された「メビオン・ケルノウ」（Mebyon Kernow, ケルノウの子孫）が最初だが、1967年に「ゴルセズ」を中心として、「ケルノウ語評議会」が結成される。1970年代に言語講習会が週末を利用して開かれるようになり、1979年には、家庭言語として用いようとする若者たちによって「ダレス」（Daleth, 開始）という団体が設立された。1980年代には聖書の翻訳も開始された。この時代のケルノウ語話者は50人から100人程度と推計されている。

問題は、この頃から、ケルノウ語標準化について主に三派に分かれ、その紛争が現在まで続いていることである。現在の話者数は、全体で数百人と見積もられているが、その中核を形成する「流暢な話者」は、1999年の調査では、「ケミン」（Kemmyn, 共通）派で200人、統一派で20人、近代派で25人である。また講習会は全部で36カ所において開催され、365人が受講している。そのうち、16カ所がケミン派、9カ所が統一派、11カ所が近代派である。学校教育では、12校の小学校、4校の中等学校でケルノウ語科目が教えられているが、ほとんどが昼食時や放課後といった通常課程外での講習会である。

　イギリスは2001年に、欧州地域語少数言語憲章を批准したが、2003年にその対象言語として、ケルノウ語とマニン・ゲール語が追加された。これによって、補助金が復興運動家団体に支給されるようになり、運動は公的な認知を得て、大いに盛り上がりはじめている。2010年には、週末を利用した幼児教育運動もはじまった。

2.4　マニン（マン）島

　淡路島とほぼ同じ592平方キロの面積に8万人が暮らしている。自称は「エラン・ヴァニン」（Ellan Vannin）である。「エラン」は「島」であり、「ヴァニン」は語頭変化を起こしているが、もとは「マニン」（Mannin）であり、「マン」（Mann）の派生形である。したがって自称言語名としてはマン語でいいのだが、最近、運動家のあいだでは英語との差別化意識が出ているせいか、英語の文脈のなかでも「マニン」を使うことがたびたびある。また、アルバ・ゲール語の場合と同様、ゲール語圏の同族意識が強く、「ゲール」という共通の語彙を使用することも多いので、「マニン・ゲール語」と表記することにする。

　ゲール人がこの島に到来したのは、5世紀、ヒベルニアからだったとされる。9世紀にヴァイキングの侵入があり、以降、13世紀にかけてはノース人の王国「マン島および諸島王国」の拠点だった。これが言語的にも影響を与えたようだ。1266年、アルバの支配下に入り、1346年にはイングランドが侵略する。ブリタニア（ブリテン）島とヒベルニア（アイルランド）島の間に挟まれ、両者との交流は古くからたいへん盛んだった。実際に、中央にある最高峰スネーフェル山（といっても標高600メートルだが）にのぼると、イングランド、

エーレ（アイルランド）の両方を望むことができる。言語的にもゲール（アイルランド）語とアルバ（スコットランド）・ゲール語とたいへん近いが、その違いはこの中世の時代に形成された。

 15世紀にダービー伯の所有地となったが、18世紀には英国王室領となる。ノース王朝以来の自治議会の伝統は維持され、現在でもその「ティンワルド」は7月5日の「マニン島の日」に象徴的に、その記念の地で青空議会を開催している。

 ケルノウ語のように、18世紀に言語が死滅に至らなかったのは、宗教書の一部がマニン・ゲール語に翻訳された事が大きい。16世紀では、アルバと同様、ヒベルニア（アイルランド）語の宗教書が用いられたケースがあるが、1605年に『聖公会祈禱書』が翻訳され、1763年には新約聖書の『使徒言行録』が、1775年には『聖書』が完訳されている。

 19世紀のマニン島は英国と蒸気船で結ばれ、英国からの観光地として潤った。現在でも観光客用に運転される狭軌の鉄道なども19世紀以来のものである。英語化が開始されるのもこの時期である。だが、19世紀末以降、観光客が地中海地域にまで足を伸ばすようになり、経済的に斜陽化を懸念されるなかで、オートバイレースがはじまった。1907年以来、現在でも世界最大のオートバイレースの地である。年間、何度もレースがあるが、TT（トゥーリスト・トロフィー）レースという、6月初めのレースがもっとも有名で、数千人のレース参加者がある。

 言語復興がはじまるのは、ケルノウ語の場合と同様、この世紀転換期である。1899年に「マニン・ゲール語協会」（Yn Cheshaght Chailckagh）が結成される。ただ、この協会は保守的な現状維持派団体で、言語的継承は考慮されなかった。この点、エーレ（アイルランド）のゲール同盟からまともな団体とは見られなかったともいう。1901年、エドモンド・グッドウィンが『マニン・ゲール語初歩』を出版、1909年には、オーストリアの言語学者ルドルフ・トレビシュが母語話者の音声録音を行っている。

 マニン（マン）島といえば、しっぽのないマンクス・キャットも有名だが、今は野生ではない。1990年代から「タックス・ヘイブン」（租税回避地）として、金融業、銀行などがその首都ドゥーリシュ（ダグラス）に集中するようになった。これによって、再び、マニン島が経済的な活況を取りもどすことにもなった。

マニン・ゲール語は、1974年に最後の母語話者が死亡したとされるが、20世紀初頭から復興運動がはじまっているので、この言語は一度も滅びることなく、現在に続いているというほうが正確である。マニン議会「ティンワルド」(Tynwald)でも象徴的に用いられ続けている。1985年にはティンワルドの宣言として、マニン・ゲール語が公的に認知され、「マニン・ゲール語諮問委員会」が設立された。1996年には「マニン・ゲール語振興企画官」が任命され、学校教育も開始された。現在では1,700人ほどの話者をもっているとされる。2005年には、マニン・ゲール語を教授言語とする小学校も誕生した（2002年から教育そのものは開始されていた）。

2.5 エーレ（アイルランド）

エーレ（アイルランド）島は、北方領土を含めた場合の北海道とほぼ同面積の8万5,000平方キロを擁するが、その6分の5が独立国エーレ（Éire, アイルランド）である。人口は400万人。ただし、連合王国領であるウラ（Ulaidh, アルスター、北アイルランド）を入れると570万人ほどにのぼる。

ローマ時代にはヒベルニアと呼ばれていた。5世紀、聖パトリック（ラテン語でパトリキウス、ゲール語でポーリク）がキリスト教をもたらし、以降、中世末期の欧州の混乱期（5〜7世紀）には、欧州のキリスト教の中心地として、文化的繁栄を迎えた。9世紀から11世紀はヴァイキング襲来の時代であり、12世紀からはイングランド、またノルマン人の侵入など大陸との交流が深まり、このなかで、ゲルマン語系、またロマンス語系文化とも接触する。14世紀には一時的に英語の使用もはじまるが、これは例外的で、中世までは、ゲール語とラテン語が書きことばであり、英語の侵入は、15世紀以降といっていいだろう。したがって、英語による「アイルランド」という名称もこの時代以降に限定して使用した方がいいように思われる。

16世紀にはブリテン島からの本格的な植民も開始され、これが本来、宗教的にはカトリック一色だったヒベルニア（アイルランド）島に混乱をもたらす原因となった。最初の英語民の大規模移住は、1556年である。ただし、エーレ（アイルランド）が英国領となるのは、1801年の連合法によってであり、これまでは実質的に植民地状態の地域もあったとはいえ、名目上、独立国だった。

19世紀は、いわゆる大飢饉によって特徴づけられる。1841年の国勢調査に

よる人口は820万人だったといわれ、今日の2倍近くである。これが、40年代の大飢饉によって100万人が亡くなり、100万人以上が主に米国に移民した。1840年代末の米国移入者の半数はエーレ（アイルランド）出身だった。現代アメリカの人口の12％、3,500万人はエーレ系を自認しているという。

19世紀末以降、独立を目指す民族主義運動が誕生する。民族主義は20世紀のケルト語圏すべてに誕生している。けれども唯一独立を達成することになったのは、エーレ（アイルランド）である。この理由は、18世紀末まで独立国であったこと、19世紀に、ほかの地域にない大飢饉を経験していること、この二つが大きいだろう。

1893年、民族主義的政治団体「ゲール同盟」が設立され、1916年、第一次大戦中の最中、「ダブリン蜂起」を決行する。これは失敗に帰すが、これが大戦後の独立運動につながり、1922年、エーレ（アイルランド）自由国の成立となる。第二次大戦中は中立を保ち、この点でも英国とは一線を画した。

第二次大戦後も経済的には貧しく、1980年代まで移出民が続いた。状況が変わるのは、1990年代、とくにその後半であり、「ケルティック・タイガー」といわれるほどの経済成長を実現した。だが、2008年以降、リーマン・ショックによる落ち込みで、2010年には危機的状況に陥っている。

1922年憲法第4条で国語と宣言され、独立の象徴としてゲール（アイルランド）語が存在した。1937年の憲法では、国名はエーレとなり、ゲール語は国語、第一公用語と規定された。英語は依然として現在でも、日常的言語として普段の暮らしのなかで用いられているが、憲法的には第二公用語である（ただし憲法のゲール語正文では、ゲール語が国語と規定されるのみであり、英語の規定はない）。ゲール語使用地域「ゲールタハト」（Gaeltacht）が1926年に設定され、保護政策が取られている。このときのゲール語の人口は25万人だった。1929年には中等学校でのゲール語教育が義務化された。1959年に「ゲールタハト局」（Údarás na Gaeltacht）が設立され、ゲールタハトの社会経済的振興にも力が注がれるようになる。1961年に国営のテレビ局「エーレ・テレビ」（Telefís Éireann）、1972年には、ゲール語専用のラジオ局「ラジオ・ナ・ゲールタハタ」（Raidió na Gaeltachta）が設立された。ゲール語を教授言語とする学校「ゲールスコイル」（Gaelscoil）が1973年に作られ、本格的な言語復興も開始された。

とはいえ、ゲール語の復興は順調だったとはいえない。1960年代から70年

代初めにかけて、著名な社会言語学者ジョシュア・フィッシュマンが、ゲール語研究所の要請により、言語政策顧問となって、いくつかの助言を行ったが、これがまったく実行されず、彼が辞任した経緯がある。社会言語学者の間では、エーレ（アイルランド）の言語政策はまったくの失敗だったと宣言するものもあった。

　こうした状況が改善されるのは、21 世紀に入ってからである。2003 年に成立した公用語法によって、ゲール語が少なくとも英語と同等以上に用いられるように、さまざまな施策が行われるようになった。2007 年には、エーレ（アイルランド）政府の要求によって、ゲール語が EU の公用語に追加された。

　国勢調査によると、166 万人の人々（全人口の 42％）がゲール語能力を持つと回答しているが、日常的使用者は、共和国で 34 万人、ウラで 7 万 5,000 人である。ただこうした日常的使用者というのは、実際は日常会話可能者であり、本当の日常的使用者は、ゲールタハトを中心として、4 万人から 8 万人と見積もられている。使用可能な人々と現実に日常的に用いている人々との、この統計的な大きな落差が、おそらく、エーレ（アイルランド）における言語政策の失敗、と考える研究者を生んでいる。

　アイルランドといえば、普通の日本人でもギネスが思い浮かべられるほど、アイリッシュ・ビールは日本で受け入れられている。ネットで見ると、東京だけで 100 軒近いアイリッシュ・パブが登録されている。それからアイルランド音楽だろう。アイリッシュ・ダンスも世界中に愛好者をもっているし、ハープやフィドル、バウラーン（バウロン）といった楽器も有名である。1990 年代以降、日本でもチーフタンズ、クラナド、エンヤ、リヴァーダンスなど、たいへん人気がある。

2.6　ブレイス（ブルターニュ）

　「歴史的ブレイス（ブルターニュ）」は、ほぼ近畿地方に相当する 3 万 4,000 平方キロに、430 万人が居住する。フランス革命以前の「ブレイス（ブルターニュ）三部会」の支配地域が「歴史的ブレイス」だが、行政区画としては、第二次世界大戦中にその原型ができ、1950 年代に「計画地域」としてはじまり、1972 年に決定されたブレイス（ブルターニュ）地域圏がある。これにはリゲール・アトランテル（ロワール・アトランティック）県を含まず、歴史的ブ

レイスと区別して、「行政的ブレイス（ブルターニュ）」と呼ばれている。この地域では、2万7,000平方キロに、310万人の居住する地域ということになる。

　ローマ時代、ガリアの一部をなしたこの地域は「アルモリカ」（Armorica）と呼ばれていた。今日のブレイス（ブルターニュ）よりやや広い地域だが、この名称は明らかにケルト語であり、「海に近い地域」という意味である。この時代、アルモリカで話されていたケルト語はガリア語だが、これは大陸ケルト語のなかでは、ブリテン島系、すなわちPケルト語に近い人々の居住地だったと考えられる。ただし、今日のブレイスに居住するケルト系の人々は、この人々が直接の先祖をなすわけではなく、4世紀から8世紀にかけて、ブリテン島から移住してきた人々がその文化的出自になっている。これは考古学的にも形質人類学的にもまた、文献学的にも実証されている。とはいえ、第二次大戦後、ブレスト大学の歴史言語学者ファルハン教授が、現在のこの地のケルト語は、実はブリテン島起源ではなく、ガリア語の後裔、あるいは、ガリアとブリテン島の両者の混合の産物であるという説を唱えた。だが今日の研究者には、この説に賛同する人はほとんどいない。

　ブレイス（ブルターニュ）は、語源的にはブリタニアである。ブリテン島と同一の語源であり、その起源的同一性を明示するものでもある。実際に、10世紀、11世紀にはブリタニアは英仏海峡を挟んだ両地域を指し、あいまいな場合がある。この時期にフランス語によるブルターニュという名称も生まれた。ブリタニアの起源はブリッティア（Brittia）であり、ブリット人の土地（ブリトン、ブリタンは複数形）というのがもとだろうといわれている。とはいえ、ブリット自体の語源はわかっていない。紀元前4世紀のマッサリア（ギリシアの植民地マルセイユ）の旅行家ピュテアス（Pytheas）がプレッタニケ（Pretannike）と記したのが、最古の記録だが、この意味は「刺青を持つ人々」すなわちピクト人と同一だという説もある。

　ブレイス（ブルターニュ）は巨石文化の地としてよく知られている。なかでも、10列ほどの柱状列石が1キロ以上も続く、カルナック（モルビアン県南部）の遺跡は有名である（紀元前3000年紀に建造された）。

　現在に続くブレイスの歴史的起源は、4世紀から8世紀に至る、ブリテン島からの移住である。これについては数十にのぼる聖人伝が、その後9世紀から11世紀にかけて著され、今日の9つの司教区の基礎が作られたことになっている。

この地域を支配する王の起源として語られるのは、9世紀の王ノミノエだが、実在であったか確証はない。10世紀の最初の公として登場するアラン・バルブトルトは実在の確証があり、以降、ブレイスは公（デューク）が領主となり、今日の地域がこの当時確立するのである。
　この地域は以降、16世紀まで独立を保つが、1532年、フランス王国の領土となる。この時の領主が女公アンナ・ブレイス（アンヌ・ド・ブルターニュ）である。フランス国王シャルル8世、その死去の後は、フランス王位継承者であるルイ12世と再婚した「悲劇の女性」として有名で、なおかつブレイスの守護聖人アンナ（聖母マリアの母）と同一視されて、信仰の対象ともなった。
　この時期のブレイスは、カナダを「発見」（1534年）したジャック・カルチエ（Jaques Cartier）など、船乗り、海運業が有名であり、産業が発展するのは、むしろ16世紀後半から17世紀にかけて、フランス王国に併合されてからである。
　ここはカトリックの土地であり、これはフランス革命期の「反革命王党」（シューアン、フクロウ党）の地としても有名である。保守性と伝統の保存が結びつき、19世紀後半には、それが観光産業ともなっていく。「ブロセリアンドの森」（イル＝ア＝グウィレン（イル＝エ＝ヴィレンヌ）県西部）など、アーサー王伝説関連の観光地もこの時代以降、整備されていく。
　ブレイス（ブルターニュ）というと、その独特の民族衣装、そば粉のクレープ（農民の日常食）、民族舞踊だが、こうしたイメージは観光産業の発展のなか、19世紀末から20世紀初頭に確立した。今日では先端的産業もあるが、伝統的にはやはり、農民、漁民の土地である。とりわけ沿岸漁業、養豚、養鶏などがいまでも主要産業である。
　19世紀後半から地域的アイデンティティの自覚はフランスの諸地方のなかでも強力で、その運動をリードしていた。19世紀末には、地域主義運動が生まれ、第一次大戦後は、民族主義運動が誕生する。ただ、その運動が反フランス的傾向からドイツと結びつき、人種主義的思想も見られた。これが第二次大戦中の対独協力派につながり、大戦後は、長らく、ブレイス民族主義がタブー視されることになった。これは、私が学生として留学した1980年代でもそうだった。
　しかし、1970年代以降、エコロジー運動などと結びついた新しい地域主義運動によって、古い世代とは一線を画す運動が広がるようになった。ブレイス

語の自主教育運動「ディワン」などは、西欧のほかの少数言語と共通する運動であり、民族主義とはあまり結びつかないのも特徴的である。

　1980年代、社会党政権のもとで、分権化政策、地方文化の振興政策の一環として、ブレイス語の学士号などの大学免状、また、中等教育資格試験免状などが認可され、「ディワン」などバイリンガル教育課程も、公的な認可を受けられるようになった。

　ただし、政治的に大きな自治権を備えた自治議会を獲得しているカムリー（ウェールズ）やエウスカル・ヘリア（バスク）などと異なり、その地域圏議会の権限は限られているので、言語教育はそれほど進んでいるとはいえない。2000年代には、フランス語ブレイス語のバイリンガル教育を受ける児童生徒は1万人を越え、言語教育が軌道に乗りはじめたとはいえるが、バイリンガル教育を受ける子どもたちの割合は、多いところでも児童生徒数の4％ほどにすぎず、20％を超えているカムリー（ウェールズ）や、80％を上回るエウスカル・ヘリア（バスク）などと比べると先進的とはいえない。とはいえ、フランス国内の少数言語としては、その活動はもっとも活発だといっていいだろう。

　こうした言語文化を支えているのは、音楽文化である。伝統的な音楽、語り歌や踊り歌は「フェスト・ノース」（Fest Noz, 夜の集い）として戦前から盛んだったが、戦後も衰えることなく、継承された。1970年代には、こうしたなかから新しい音楽、ワールドミュージックに通じる音楽家やグループが誕生し、それがブレイス語と結びついて、音楽的な活況を支えることになった。毎年7月下旬にケンペール（カンペール）で開催される「コルヌアイユ（ケルネ）・フェスティバル」、8月上旬にアン・オリアン（ロリアン）で開かれる「インター・ケルティック・フェスティバル」は、こうした音楽文化を基盤に、30〜40万人の観光客を集めている。

　音楽文化はおそらくケルト文化圏に共通する大きな財産であり、活用すべき資源である。これがもとになって、若者が自らの言語を学ぶ動機となっていることもある。踊りや歌がただ単に伝統的なものばかりではなく、若者を引きつける内容をもっていることは、文化的創造性を考えるうえでも重要であり、これこそケルト文化圏の言語的活力を実証するものといっていいだろう。そうはいっても、その基盤をなすのは言語であり、そのすべてが現状では少数言語であるとはいえ、その活性化に奔走する人々があって、それが文化的活性化につながっているのである。

2.7　アルバ・ヌア（ノヴァスコシャ、ヌーヴェル・エコス）

面積は 5 万 5,000 平方キロ、2001 年の統計では、島民 94 万人中、アルバ・ゲール語話者は 415 人である。したがって、ケルト諸語のなかでは、ケルノウ語、マニン・ゲール語と並んで、「極少数言語」ということになる。フランス語では「新スコットランド」という言い方だが、英語ではラテン語による同様の言い方「ノヴァスコシャ」（Nova Scotia）が定着している。

アルバ・ゲール語話者の移住は、18 世紀半ば以降である。欧州人がさまざまな理由をもちながら北米大陸に移住するまさにその時期と重なる。1867 年にカナダ連邦が成立するが、その時点でアルバ・ゲール語話者の人口は、英語、フランス語に次ぐ 3 番目で、20 万人を数えていたという。その後、学校教育はもっぱら英語によったので、ゲール語人口は急速に減少することになった。ただ、教会（プレスビテリアン派が中心）では、ゲール語が用いられ続けたので、すぐに消滅ということにはならなかった。1920 年には学校でのアルバ・ゲール語科目の導入が要求され、その翌年からはじまる。1938 年には北東部のシドニー学区で 50 人がこの科目の登録をしたという。

教会で用いられていたという伝統があるので、書きことばとしても伝統が保存され、1892 年から 1904 年にかけて、アルバ・ゲール語による週刊誌「マック・タラ」（Mac Talla, こだま）が発行されていた。この頃、アルバ（スコットランド）本国でもこうした定期刊行物は発行されず、アルバ・ゲール語圏で唯一のものだったという。

アルバ・ヌア（Alba Nuadh, ノヴァスコシャ）は、住民の 5 割近くがフランス語話者であるニュー・ブランズウィック（ヌーヴォー・ブロンズウィック）州に隣接し、フランス語住民も 12％を占める。したがって、バイリンガル教育は盛んであり、ダンバーの論文にも登場するが、その影響で、アルバ・ゲール語も 2004 年に「ノヴァスコシャにおけるゲール語を振興し維持する」ための 20 年計画が発表された[12]。

2.8　グラドヴァ（チュブ、パタゴニア）

パタゴニア地方は、南アメリカのコロラド川以南地域の総称で、アルヘンティーナ（アルゼンチン）とチリにまたがる。アルヘンティーナのパタゴニア

地方は、北からネウケン州、リオネグロ州、チュブ州、サンタ・クルス州からなり、カムリー人が移住したのはチュブ州である。この州は、22万平方キロに50万人の人口をもち、カムリー語話者は2万5,000人ほどとされる。チュブ州のなかで、カムリー人の集住地域である北東部の大西洋沿岸地域、ガイマン郡（人口約4万人）を中心とする地域を、カムリー語で「グラドヴァ」（Gwladfa）と呼ぶ。カムリー語で「土地」の意であり、カムリー人の新天地として、そう命名されたのである。通常は、定冠詞がついて、語頭変化した「ア＝ウラドヴァ」（Y Wladfa）という形で呼ばれる。

　カムリー（ウェールズ）からグラドヴァへの移住にはいくつかの要因があった。カムリーから出て行く要因としては、国教会以外の宗教者に対する差別、経済的困窮がある。なぜチュブ州かについては、まず米国への移住における英語話者への同化を嫌う、カムリー語話者の言語的執着心があったようだ。アルヘンティーナ政府も実はこの地域への欧州人の移住を希望していた。というのも、先住民テウェルチェ族、マプチェ族に対する征服戦争（アラウコ戦争）を1880年代に展開しており、先住民制圧の「口実」として欧州人の移住は歓迎されたのである。

　1865年、160人のカムリー人が入植し、トレラウソン（ローソン）村を建設した。1868年にはカムリー人の小学校ができ、1890年代には、カムリー人のために、15の礼拝堂と6つの小学校ができていた。だが教育言語は徐々にスペイン語に変わっていった。1927年までに、この地域に57校の小学校が設立されたが、その教授言語はすべてスペイン語になっていたのである。カムリー語維持に貢献したのは、ここでも非国教会系「チャペル」（礼拝堂、小教会）である。1868年から1925年までに、32のカムリー語を用いるチャペルが誕生していた。以降、1950年代までは家庭以外でカムリー語を用いることができる唯一の場所として機能していた。1960年代以降、スペイン語を用いるチャペルが増え、1970年代では7教会、2002年では6教会がカムリー語での礼拝を行っているにすぎない。

　カムリー語復興のきっかけとなったのは、プリス＝ジョーンズの論文にも登場するが、1965年の移住百周年の各種行事である。グラドヴァでの「アイステズヴォッド」（Eisteddfod, カムリー語文化祭）は1891年にはじまっていたが、この年、カムリー語が強調されて開催された。スペイン語とのバイリンガルではあったが、カムリーの場合と異なり、英語が媒介されないこと

で、英語に対する反発が強いカムリーでは、かえってそのスペイン語との共存が好感されたのである。カムリーとの交流も改めて開始され、本家の「アイステズヴォッド」への招待、カムリー語話者のカムリーへの留学もはじまった。1999年の自治議会発足後は、さらにカムリー語教師の派遣なども行われている。2001年現在で、700人の児童生徒がカムリー語媒介学校に通っているという。

　19世紀、アルヘンティーナは、すでに指摘したように、先住民制圧策の一環として欧州人の移住を奨励し、たとえば、1856年から1875年にかけて、北部のサンタフェ州やエントレリオス州には、34の欧州人の入植地が形成された。カムリー人入植地も、こうした奨励政策の一環と考えることができる。その意味では、米国の「ハイフン付米国人」というような、象徴的アイデンティティの一要素としてその言語を考える事ができるが、その地にルーツをもつ「故地」としての先住性や、文化としての固有性を主張することはできない。したがって、フィッシュマンのいう「逆行的言語シフト」(次節参照) をここで指向することは無理だろう。ここでのカムリー語の存在意義は、あくまで重層的アイデンティティの一環としてなのである[13]。

3.　言語復興の現状

　ジョシュア・フィッシュマンは1991年に、少数言語の復興の段階を示す「逆行的言語シフトの諸段階」を次のように定式化した。

1　教育、労働、マスメディア、行政の各面で全国的に最上級レベルでも用いる。
2　地区・地域レベルのマスメディア、行政での使用。
3　地区・地域レベル（すなわち近隣レベルを超える）の労働環境のなかで、大言語話者、少数言語話者を問わず、少数言語を用いることができる。
4A　義務教育の場で、少数言語によるカリキュラムと教師・事務職員のもとで実質的に教育が行われる。
4B　少数言語話者の子どもたちに向けた、少数言語を媒介言語とする課程

が公立学校のなかに多少とも存在するが、多くは大言語によるカリキュラムと大言語話者の教師と事務職員のもとにある。
5　義務教育の場ではなく、少数言語の識字教育が社会人や学生児童生徒に行われる。
6　母語継承の基盤である、家庭・家族・近隣地区での世代間で頻繁に用いられる。
7　コミュニティレベルで、老人に主に用いられるのみ。
8　少数言語を再興し、第二言語として習得する。[14]

　逆行的言語シフトは、第8段階から始められ、それが、7、6、5と進み、4A段階に入ると「ダイグロシア」（社会階層的分離使用言語）状況を超えることになる。カナダの社会言語学者ディアルムイド・オニールは、これをケルト諸語の現状にあてはめ、次のようにその「復興段階」を位置づけた。
　ケルト諸語のなかでもっとも先進的なのはカムリー（ウェールズ）語であり、カタルーニャ語、エウスカル・ヘリア（バスク）語、ケベック・フランス語と同じレベルにある。あと20年もすれば、「正常」状況、すなわち1段階に進むであろう。現状では、第4段階をクリアーし、部分的には第3段階から第1段階に入っている。
　エーレ（アイルランド）・ゲール語は、第6段階から第4段階にあるといえるが、一部は第2段階から第1段階にある。これはエーレ・ゲール語の特殊性ともいえる。つまり、国語と規定されるにもかかわらず、実際の日常的使用者が国民の10分の1程度に過ぎないという、少数言語状況を抜け出していないのである。フィッシュマンの規定は、このように、すべての少数言語について、ある段階から次の段階へとはっきり区切られるわけではなく、言語によっては第4段階以降、第1段階までその現状が特定できない場合がある。
　ブレイス語は、第8段階から第5段階、すなわち、現状では「ダイグロシア」状況を突破したとはいえないが、部分的には第4段階から第1段階まで用いられることもある。最大の弱点はブレイス語の復興を強力に推進する地域的政党が存在しないことである。したがって、言語法も存在せず、その復興の大部分は民間団体による自助努力に頼っている。
　アルバ（スコットランド）・ゲール語では、第6段階は部分的には失われることがなかったといえるが、その復興は第8、第7、第5段階にとどまってい

る。第 4 段階がごく最近はじまった。

　ケルノウ（コーンウォール）語は、復興運動家たちはすでに第 5 段階に達しているといっているようだが、第 4 段階にまで進むにはまだ相当の運動が必要である。

　マニン（マン）・ゲール語は、マニン自治政府で、象徴的には用いられているので、部分的には第 1 段階に達しているともいえるが、エーレ（アイルランド）・ゲール語と同様、実質的には第 4B 段階の教育がつい最近開始されたにすぎない[15]。

　アルバ・ヌア（ノヴァスコシャ）については、逆行的言語シフトが語られる場合があるが、「故地」（ホームランド）をもたない言語については、この言い方は使えないのではないかという研究者のほうが多い。

　ある言語集団が移住した場合、その地の言語に同化するには最短で三世代で完了する。だが、通常は同一の宗教など社会的紐帯が堅持されることで、言語文化が多少とも長期間にわたって継承される。これが米国のいわゆる「ハイフン付エスニック集団」であり、エスニシティ、すなわち民族の新たな形として研究の対象となっているのである。

　ケルト諸語は現在でも、すべて少数言語である。そのうえその状況は、危機状況をほぼ脱しつつあるカムリー語から、危機的状況が続いているブレイス語、子どもたちに対する言語教育がはじまったばかりのマニン・ゲール語など、さまざまな段階にある。したがって、社会言語学的にはその全体が興味深い対象なのである。

注

1　梁川英俊（責任編集）『〈辺境〉の文化力──ケルトに学ぶ地域文化振興』鹿児島大学法文学部人文学科ヨーロッパ・アメリカ文化コース発行、2011 年、205 頁。

2　加藤昌弘「「イギリス人とは何者なのか？」──BBC『ケルト人』（1987 年）を事例とした、現代イギリスにおける「ケルト」受容のメディア分析」『ケルティック・フォーラム』日本ケルト学会年報第 14 号（2011 年）8-19 頁参照。

3　Collis, J.R. 2003. *The Celts. Origins, Myths and Inventions*. Stroud, Tempus.

4　「シンポジウム「島のケルト」概念を問う」『ケルティック・フォーラム』日本ケルト学会

年報第 7 号（2004 年）49-57 頁参照。

5　Karl, Raimund. 2010. The Celts from everywhere and nowhere. A re-evaluation of the origins of the Celts and the emergence of Celtic cultures. In Cunliffe, Barry and Koch. John T. (eds.). *Celtic from the West*. Oxford, Oxbow Books, pp. 39-64.

6　Cunliffe, Barry. 2010. Celticization from the West. The contribution of archaeology. In Cunliffe, B. and Koch, J.T. (eds.), *op. cit.*, pp. 13-38.

7　Dillon, Miles and Chadwick, Nora, 1967. *Celtic Realms*.

8　Renfrew, Colin, 1987. *Archaeology and Language*.

9　Koch, John T. 2010. Paradigm Shift? Interpreting Tartessian as Celtic. In Cunliffe, Barry and Koch, J.T. (eds.), *op. cit.*, p.211.

10　*ibid.*

11　James, Simon, 1999. *Atlantic Celts*.

12　Ó Néill, Diarmuid, 2005. Reversing Language Shift – Gaelic in Nova Scotia, in: Ó Néill, Diarmuid (ed.), *Rebuilding the Celtic Languages. Reversing Language Shift in the Celtic Countries*, Ceredigion, Y Lolfa, pp. 366-382.

13　Birt, Paul W., 2005. The Welsh Language in Chubut Province, Argentina. In Ó Néill, Diarmuid (ed.), *op. cit.*, pp. 115-151.

14　Fishman, J. 1991. *Reversing Language Shift*, Multilingual Matters, p. 395.

15　Ó Néill, Diarmuid (ed.), *op. cit.*, pp. 27-31.

1 ブレイスの言語と文化の復興

文化の民主主義の獲得に向けて

タンギ・ルアルン
[Tangi Louarn]

(後平澪子訳)

I. はじめに

さまざまな推算によると、19世紀末から20世紀初頭にかけて、ブレイス語の話者は推定で約100万人以上いたという。現在、ブレイス語を用いているのは、おもにブレイス（ブルターニュ）半島西部のブレイス・イーゼル（バス・ブルターニュ）と呼ばれる地域の農村地帯、ならびに沿岸地域に住む人々である。2007年にファンシュ・ブルディックが行った推計によると、ブレイス語の話者はブレイス・イーゼルで17万2,000人、半島東部のブレイス・ユーエル（オート・ブルターニュ）では2万2,500人で、全部合わせても20万人弱にすぎない。こうした落ち込みは、フランスで話される他の地域語すべてに共通しており、その原因は、王政、革命政府、帝政、共和政など、さまざまな政治権力のもとで進められてきたナショナリズム政策に、直接帰することができよう。その政策の目的は、国内で話されるフランス語以外の言語をすべて体系的に根絶し、異なる民族を統一する、ということにある。

とはいえ、それに対抗する動きはいつの時代にも存在した。1970年以降、ブレイスでは「ケルト・ブーム」が起き、つぎつぎに押し寄せる波は、音楽と芸術表現の分野で、またブレイス語の擁護・発展運動の分野で、盛んになるいっぽうである。

ブレイス 5 県

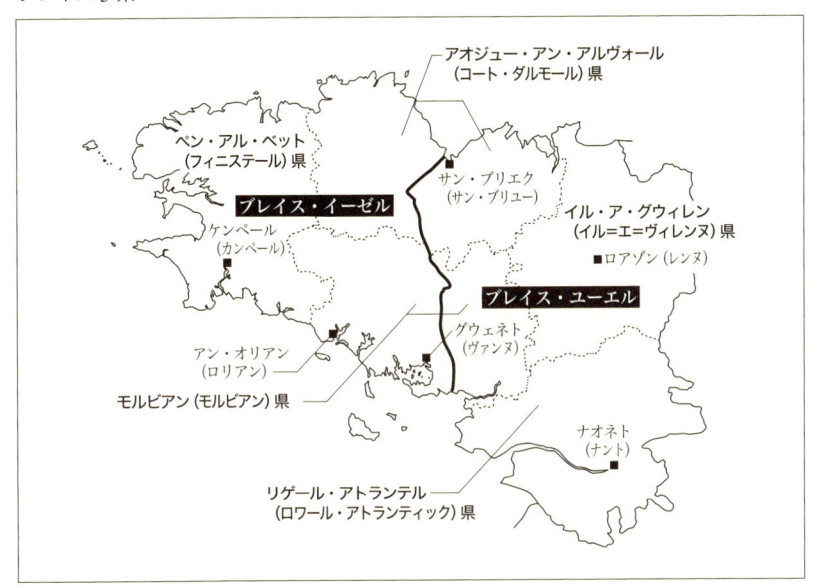

```
                アオジュー・アン・アルヴォール
                   (コート・ダルモール) 県
ペン・アル・ベット
(フィニステール) 県
                    サン・ブリエク
                    (サン・ブリュー)        イル・ア・グウィレン
        ブレイス・イーゼル                  (イル＝エ＝ヴィレンヌ) 県
  ケンペール
  (カンペール)                          ■ ロアゾン (レンヌ)
                        ブレイス・ユーエル
                    グウェネト
             アン・オリアン (ヴァンヌ)
             (ロリアン)
       モルビアン (モルビアン) 県
                                  ナオネト
                                  (ナント)
              リゲール・アトランテル
              (ロワール・アトランティック) 県
```

　ブレイス語とブレイス文化の再生について考察するには、ブレイスの歴史を簡単に俯瞰することから始めなければならない。次に、19世紀から今日までのこの地域の言語と文化の研究、伝達、発展に貢献した、さまざまな文化的・経済的・社会的運動の果たす役割を検討しよう。

II.　ブレイスの起源、その言語と文化

　ブレイスは、ヨーロッパならびにフランスの西端に位置する半島で、海をはさんで、北はイギリス、南はスペインに面している。面積は3万4,023平方キロで、行政上は、ブレイス地域圏に属する四つの県と、ブロ・アル＝リゲール（ペイ・ドゥ・ラ・ロワール）地域圏に属する一つの県、リゲール・アトランテル（ロワール・アトランティック）県に分かれている。
　ブレイスは、英語では「ブリタニー」（Brittany）と呼ばれ、ブレイス・イーゼルで用いられるケルト語派のブレイス語では「ブレイス」（Breizh）、東部で話されるロマン語派のガロ語では「ベルテイン」（Berteyn）と呼ばれている。

ブルターニュという名称は、おそらくプレタニー（Pretani）という言葉に由来し、そのプレタニーが、いまのブリテンもしくは半島のブレイス（ブルターニュ）を意味するブリタニア（Brittania）という言葉のもとになったと考えられる。

　ブレイスはローマ帝国末期に徐々に形成されはじめ、古代ローマ人はその地域を「アルモリカ」（Armorica）と呼んでいた。これはケルト語で、「海の国」という意味である。

　ブレイス語はケルト語派の仲間で、イギリスのカムリー語とケルノウ語と近い関係にある。いっぽう、ブレイスの東部には、いまでもガロ語を話す人が、少なくとも3万人はいることが、調査によって判明している。このガロ語というのはラテン語起源のフランス語に近く、ブレイス語とはまた別の言葉である。

　アルモリカに住んでいたケルト人は、ローマ皇帝ユリウス・カエサルに征服された。その大きなきっかけとなったのは、紀元前56年、アルモリカ南部のヴェネト人との海戦で、ローマ側が挙げた勝利である。

　当時、ローマ人はヨーロッパ西部のガリア、ならびにブリトン人が住むブリタニア島の大部分を占領していた。ローマ人は、占領地の上層階級の人々に対しては、ラテン語とローマの文化を強制したが、ブリタニア島とアルモリカの人々、なかでも特にアルモリカ西部の住民には、ひきつづきケルト語の使用を許可した。

英仏海峡をはさんで存在する同一の文化

　ローマ時代全体を通じて、英仏海峡をはさんだ両岸では、けっして交流が途絶えることはなく、アルモリカにあるローマ軍の駐屯地では、ブレイス語を話すブリタニア島出身のブリトン人を受け入れていた。476年、ローマ帝国は崩壊するが、その帝政末期には、ブリタニア島からブリトン人の集団がつぎつぎと海を越えて渡来し、アルモリカに定着する。かれらは、当時アルモリカの人々が話していた言葉とよく似た言葉と、独自の社会機構をもたらした。これについてレオン・フリュオ教授は、『ブレイスの起源』という著書のなかで、「古代、英仏海峡をはさんだ対岸地域は、同じ文明に所属していた」と断言する。ローマ人の支配が続いた4世紀のあいだ、英仏海峡をはさんだ両岸は、櫂をこいで一日のうちに渡ることができる距離にあり、ローマ帝国という同じ

国に属していたことによって、強く結ばれていたのである。

長期的な安定期

　5世紀末、ブレイス人は、東のフランク人と戦火を交えたのち、ブレイスに独自の政体を樹立させる。すなわち、845年、ノミノエがフランク王シャルル禿頭王に勝利し、851年、ノミノエの息子エリスポエがブレイスに王制を敷くのである。

　それ以降、政体としてのブレイスは、10世紀にわたって、同じ国境を維持し続ける。ブレイスの独立性は1532年まで保持され、フランス王国に併合されてからも、フランス革命までは自治権が保証される。その後、ブレイス出身の国会議員の要請で、それまでの区分を尊重するかたちで、5つの県に分割される。

ふたつの文化

　10世紀初め、ブレイスの上級聖職者と貴族たちは、ヴァイキングの侵攻を避けて、ブリタニア島、もしくは他のノルマン人、フランク人の居住地域に避難した。かれら自身、そしてその子孫はローマ文化に教化されたエリート層で、これらの人々が帰還し、ブレイス公国を指揮することになる。と同時に、ブレイス語の東への拡張はストップする。というのも、代々のブレイス公爵の宮廷はローマ化された地域であるナオネト（ナント）に置かれ、エリートたちのフランス語化に拍車がかかるからだ。公国のフランス王国併合に遥か先だつ13世紀末、早くも行政部門でラテン語の使用が廃止され、直接フランス語に移行する。ブレイス語を話す最後の公爵が亡くなったのは、1119年のことだ。

　それ以来、ブレイス語圏は半島の西に限定され、話し手は民衆、小貴族、一般の聖職者にとどまることとなる。

　この時代、ブレイスには、接近して二つの言語圏が存在していた。それが、ケルト系言語の西部とラテン系言語の東部である。とはいえ、両者が相互に入り組む地域もあり、中間地域では二つが混在していた。

迫害の時代

　フランス革命ののち、一つの政体としてのブレイスは消滅するものの、独自の言語と文化は存続する。しかし、それらを根絶しようとする、政治的な圧力が押し寄せる。1794年、「方言を撲滅し、フランス語を唯一の言語として普及させる必要性について」というグレゴワール師の演説が発表される。
　1881年には、小学校の学則に、「学校においては、フランス語のみが使用されるべし」という一文が明記された。
　さらに1902年、政府は、教会でブレイス語を使う司祭に対して、助成金の支払いを廃止したのである。
　学校では、うっかりブレイス語を話した子どものために、罰と密告のシステムが存在した。ブレイス語を話しているところを見つかった子どもは、罰札「シンボル」（木靴もしくは首にかけるもの）を身につけなければならない。だれか他の子がブレイス語を話しているところを見つけて、その子に、自分が身につけていたシンボルを渡して初めて、罰から解放されるのだ。
　1925年、ドゥ・モンヅィ文部大臣の通達には、次のように記されている。

　　宗教教育を行わない一般校は、政府の指示に従う教会と同様に、フランス語と競合する言語を使用することはできない。その信奉者がいくら熱心であっても、使うことはできないだろう。

　1951年になってようやく、希望する生徒に、週に1時間の「課外活動」としての学習が認められる最初の法律が制定された。
　しかし、1972年、ポンピドゥー大統領はあいかわらず次のように明言する。「みずからヨーロッパ構築に向かう時代においては、地域語の存在する余地などない」と。
　ブレイス語は法的に、あらゆるところから締め出されたのである。ラジオからも、テレビからも。1970年代、1週間にわずか3分だけ、テレビでブレイス語の番組が許されるようになっただけだ。ブレイスの人々にとって、それは「恥ずべき言語」（イェース・アル・ヴェース）であり、内輪でしか話せない言葉だった。

III. 経済と文化の復活

経済の復活と言語の消失

　第二次世界大戦後、中央集権的な国家体制のなか、独自の決定権を持たないブレイスは、インフラ、産業のあらゆる面で遅れをとっていた。コミュニケーションの手段、電話・電気・水道網が欠如し、人口の50％が田園地帯に居住し、産業は零細で困難な状態にあった。そして多くの人々が、ふるさとを捨てて都会に移住した。

ブレイスの農民たちが出資して誕生した海運会社「ブリタニー・フェリー」

　こうした事態に、ブレイスの人々は団結して立ち向かおうと決意する。1950年、ブレイス全域の政治家たち、経済人、組合幹部たちは、ブレイス出身の当時の首相ルネ・プレヴァンを中心に、CELIB（「ブレイスの利益のための連絡協議委員会」）を発足させる。その目的は、ブレイスの発展のための「地域計画」を策定するよう、政府に要請することにあった。ヨーロッパの助成金を得て、組合に結集した農民の積極的な活動のおかげで、畜産業（酪農、養鶏、養豚）は国内トップレベルにまで発展する。また、農産物加工業は、しばしば協同組合が主導し、驚異的な躍進を見せる。物流も改善され、ブレイスの農民は、みずからの手で「ブリタニー・フェリー」というフェリー会社を設立し、農産物をイギリスで販売するようになった。同社は現在、イギリス人観光客やクルーザー客を運ぶ業務も手掛けており、大西洋沿岸地域では随一の海運会社である。

　その反面、文化的関心事はもっぱら、支配的なフランス文化を獲得し、フランス社会に溶け込むことにあった。ブレイスの文化と言語の評価は低く、打ち捨てられたのである。

連帯運動を核とした1950年代の文化復興

　とはいえ、文化復興の下地となる作業は、ごく初期から始まっていた。すでに19世紀には、エルサール・ド・ラ・ヴィルマルケという名の知識人が

民謡を収集し、1839年、それを『バルザス・ブレイス』（Barzaz Breiz, ブレイス詩歌集）にまとめ、出版している。言語学者はブレイス語を研究し、両大戦間、近代的な文学集団である「グワラルン」（Gwalarn, 北西風）が設立された。

第二次世界大戦後の経済発展と並行して、ブレイスの人々は、文化的な協会を組織した。それらの

1950年代の「バガド」

協会がさらに大連合に参加し、ブレイス文化の振興のため、伝統文化の収集と振興、後継者育成に取り組むという動きが起こる。その一つとして挙げられるのが、「ボダーデグ・アル・ソネリオン」（Bodadeg Ar Sonerion,「音楽家集団」の意。http://www.bodadeg-ar-sonerion.org/historique）であり、これには1万人以上の音楽家、100を超えるバガドゥ（bagadoù, 楽団）が参加している。ビニウ（小型バクパイプ）、ボンバルド（一種のオーボエ）など、ブレイス固有の楽器を用いた伝統音楽を擁護するだけではなく、アルバ（スコットランド）のバクパイプ楽団をモデルにしたパイプ・バンド「バガド」（bagad）、あるいは世界各国の音楽や新しいスタイルを取り入れたオーケストラ形式の楽団など、革新的な試みも実践されている。

「ケンダルフ」（Kendalc'h,「保存」の意。http://www.kendalch.com/index.php?lang=en）と「ウァルル・ルール」（War'l Leur,「麦打ち場にて」の意）は、伝統的なダンスやコーラス、その他さまざまな文化活動を実践する「ケルト・サークル」の集まりである。これらの連合は、昔ながらの民間の伝統を維持するとともに、伝統に裏打ちされた、より現代的で斬新な創作活動も行っている。

1930年代に体系化された、ブレイスの伝統的な格闘技「グーレン」（gouren,「闘う」の意）やゲーム、刺繍、造形芸術、演劇など、かつてブレイスで人気のあった活動を対象にした連合も設立されている。

こうした特別な活動以外に、ブレイスについての一般的な知識、その文化と歴史を若い人々に伝え、広めることを目的とする組織もある。

また、宗教的遺跡、教会、礼拝堂などの歴史的建造物や、古い漁具、昔の船、その複製などの海洋遺産を保護する活動を行う連合や協会が設立されている。

社会現象としてのフェスト・ノース

ブレイスの大衆文化の再生を語るとき、特別な場所を占めているのが「フェスト・ノース」(文字通り訳すと、「夜祭り」の意)である。その起源は、1950年代半ばまでブレイス中部の農村地帯で実際に行われていた、文化的社会的な習慣にさかのぼる。もともとは、ダンスと歌とが一体となった催しで、住民がこぞって参加するコミュニティの催しだった。廃れゆく一方だったこのフェスト・ノースをよみがえらせたのは、教員をしていたロエイス・ロパルス (Loeiz Ropars) を中心とする、数人の地元民だった。かれらの主導により、現代にマッチするよう改良されたフェスト・ノースは、町に、ブレイス全域に、さらにその外にまで広まったのである。

伝統的な「フェスト・ノース」の現代版

今日、フェスト・ノースはまさに社会現象となっている。毎年、規模の大小合わせて数千ものフェスト・ノースが、ブレイス社会の毎日の生活にメリハリを与え、フェスト・ノースのともなわないブレイスの祭りなど、一つもないほどだ。各種のスポーツ協会はもちろん、アムネスティを始め、人道的な活動を行う人権団体も、独自のフェスト・ノースを開催している。ロアゾン(レンヌ)の「ヨウアンク」(Yaouank,「若者」の意) が毎年開催するフェスト・ノースには、7～8,000人もの若い踊り手が集まる。さらには、1999年以来、毎年催されている「サイバー・フェスト・ノース」(http://www.autourtan.org/archives_cyberfestnoz_fr.html) には、何万人ものインターネット愛好者がアクセスする。いまやフェスト・ノースは進化を遂げ、さまざまな楽器を使った、多種多様なスタイルの音楽が演奏されている。それでも、若者から老人まで、あらゆる世代の人が出会い、さまざまな種類のダンスが披露される集団的イベントである、という基本的な姿勢に変わりはない。踊り手どうしが手を取り合い、一つの人間の鎖となったときの高揚感、そしてまた歌手と音楽家とともに感じる一体感、ほとんど休まずに何時間でも続けられるダンス。それがフェスト・ノースの変わらぬ魅力なのだ。

このような文化の再生は、1970年代以降、一世を風靡したアーティストたちによってもたらされたもので、ブレイス語で表現することを特徴としている。例えば、ダンスの伴奏として歌われる「カン・ア・ディスカン」(Kan ha diskan,「歌と返し歌」の意)、あるいは悲劇的な物語歌「グウェルス」は、ブレイス語の歌の独特な形式である。

活発化する書籍、CD、DVD、日刊紙の出版と普及

「ケンダルフ」は1957年、ブレイス文化の普及をめざし、書籍・レコードを出版する、活動的な協同組合を設立した。それが、「コープ・ブレイス」(Coop Breizh) である。この組合の事業は拡大し、現在では28名のスタッフが、ブレイス関係の書籍、CD、DVDの製作と販売にたずさわっている。

そのほかにも、活発に事業を展開する出版社は数多く存在する。「スコル・ヴレイス」(Skol Vreizh,「ブレイス学校」の意) もその一つで、歴史や教育を得意分野とし、フランシス・ファヴローの『フランス語ブレイス語辞書』を出版した。

フランス語で書かれた一般大衆向けの雑誌も刊行されている。たとえば、新聞社「ウエスト・フランス」グループが出した『アルメン』(Armen) だが、これは、人類学もしくはブレイス文化を題材とし、『ピープル』誌のブレイス版に相当する。

ブレイスでは大きな日刊紙が二つ発行されており、新聞は特別重要な位置を占めている。一つは発行部数85万部を誇る『ウエスト・フランス』で、フランス随一の日刊紙。もう一つは『テレグラム』で、20万部以上がブレイス西部の三県で販売されている。さらに、これら二つの新聞社は、独自の雑誌と書籍を発行している。

IV. ブレイス語の再生

「ハグ・オール・イェース?」

「ハグ・オール・イェース?」(では、われわれの言語は?)。60年代末から

70年代初めにかけて、田園地帯の電気工場の壁に、こう落書きされているのが目についた。

　この文句は、1950年代、あらゆる場所に書かれていた。子どもにフランス語を話すよう強制していた親たちにとっては、くどすぎるほどに。その親たち自身は、おうおうにして、フランス語よりブレイス語のほうがよほど楽に話せたのである。が、そういう親たちは、子どもたちが国の公用語以外の言語が認められない社会に溶け込むためには、フランス語が必須だと考えたのだ。

　とはいえ、1953年、新たな活動がはじまる。それは、「ブレイスの言語、文化、自由」の擁護を掲げて、さまざまな分野で活動する団体が、「エムグレオ・ブレイス」（Emglev Breiz, ブルターニュ文化協会）のもとに結束したことだ。1973年には、この同じスローガンを題名にした声明が発表される。この連合を指揮したのは、かつてレジスタンス運動に身を投じていた教諭アルマン・ケラヴェル（Armand Keravel）で、フランスの地域的民族運動を行っていたDPLF（フランス地域語振興擁護会）とも連帯し、その交流はヨーロッパ、国際レベルにまで広がる。

　こうした大きな動きがある一方、小規模のグループがボランティアで、夜間授業や通信教育、ブレイス語作家が参加しての夏期講習会の実施など、言語の擁護のために活動を続けていた。両大戦間期、真の意味での近代的なブレイス語文学作品の創出をめざして、「グワラルン」（北西風）という文学集団が結成された。ブレイス語で創作を行う作家の多くは、1958年に結成された「キュズル・アル・ブレゾーネグ」（Kuzul Ar Brezhoneg, ブレイス語評議会）に属している。

　公的なブレイス語教育がなされないなか、こうした講習会や通信教育は、ボランティアの手によって、希望者に、数学から生物学、物理、哲学、政治経済まで、さまざまな科目をブレイス語で教えることを目標に掲げていた。

若者による言語の躍進、ディワン学校運動

　ブレイス語の要求が新たな次元を迎えるには、1968年の五月革命による学生運動の原動力となった世代の到来を待たなければならなかった。

　その多くが、自分たちの本来の言語を奪われ、フランス語で育った世代である。この時期、数千人の人々を巻き込んだ、地域語を推進する大規模な運動が

はじまったのだ。

　高校生、大学生ら、若者たちの目的は、自分たちの言葉をふたたび取り戻すことにあった。

　そうした流れのなか、1970年、フランス語の勉強のため、ブレイス・ユーエル（オート・ブルターニュ）大学に入学した日本人学生の野口誠は、「スコル・アン・エムサオ」（Skol An Emsav, 解放学校）と名付けられた若い学生たちのグループと出会う。これは1969年に設立された新たな運動で、当時ブレイス語を学んでいた野口は、すぐにこれに参加し、ブレイス語の劇作すら創作したのである。彼の書いた二作は実際に数回上演された。さらに野口は、日本の民話をブレイス語に翻訳した。

　国の拒絶にはばまれたため、学齢期の子どもを持つ若者たちは、自分たちの力で学校をつくろうと決意した。その際、モデルになったのは、フランス側のエウスカル・ヘリア（バスク）地方やカムリーで展開された運動だった。かれらは、エーレで掲げられたスローガン「シン・フェイン」（Sinn féin, 自分自身で）を合言葉に、1977年、ディワン（Diwan,「芽」の意）協会を設立し、最初の三校を開校したのである。

　当初は、何もかも不足していた。土地も、資金も、教材も。ブレイス語を教える資格などないので、きちんと養成された教員さえいなかった。すべて、一から始めなければならなかった。しかし、かれらは若く、自分たちの計画は正しい、という信念を持っていた。友人から資金を借り、ブレイスの歌手や音楽家とともに、資金集めのイベントを催した。フェスト・ノースの主催者たちは、参加者に「ディワンのために1フランを」呼び掛け、募金を集めた。そして、ブレイス語とブレイスの文化を身近に感じて生活したいと望む、こうした若者たちの動きは、急速に、ケルペール（カンペール）、ロアゾン（レンヌ）、ナオネト（ナント）、アン・オリアン（ロリアン）などの都市部にも波及する。

　ところで、発足当初から、ディワンの最終的な目標は、出身地を限定することなく誰にでも開かれた、無償の非宗教公立学校を設立することにあった。つまり、3歳の幼児期からブレイス語のイマージョン教育を施し、完全なブレイス語・フランス語のバイリンガル話者を育てるのである。ディワン学校は年とともに増え、最初のディワン小学校は1980年、中学校は1988年、そして高校は1994年に開校する。毎回が、新たなチャレンジだった。

　こうして、歴史上初めて、ディワン学校の設立とともに、小学校から高校ま

1980年頃の
ディワン学校

で、ブレイス語による教育システムが整備されたのである。2010年、ディワン系列の小学校44校、中学校6校、高校1校に通う生徒の数は3,361人を数えた。それに加え、フランスの主要少数言語を統括する教員養成学校のなかに、教員の研修センターが設けられている。

　2010年、文部省の調査によれば、ディワン高校の生徒たちのバカロレア（中等教育修了証書）試験の成績は、全国2位にランクインしている。

さまざまな戦いと挑戦を経て、開けた道

　こうした進展はしかしながら、多くのたゆまざる闘争と挑戦の成果であった。戦いは、画一的な単一言語政策、そしてその政策を支える中央ならびに地域圏の行政当局、議員、政府関係者の思惑に対してしかけられた。生徒の親と教員の強い決意があってこそ実現したブレイス語教育であるが、その陰には、ブレイスの地方自治体と地域住民、そしてヨーロッパ議員たちの支援があった。数々のデモはもちろん、大きな反響を呼んだパリの大規模テレビ局のフロアの占拠、そしてハンガーストライキまで、さまざまな示威運動を行った結果、国から本当の認知を得ることができたのである。

　1994年、ディワンの困難な財政状況をかんがみ、司法規則の適用により、ケンペール（カンペール）裁判所は、ディワンに財政支援を行うことを決定する。

　同じ1994年、オック語（南仏の地域語であり、オック語作家のフレデリッ

ク・ミストラルはノーベル文学賞を受賞した。そうした偉大な言語であるにもかかわらず、一般にはそうとは認識されていない）話者であるフランソワ・バイルー文部大臣の尽力により、ディワン学校と国とのあいだで協定が結ばれ、教員の給与の大部分を国が支払うことで合意する。

　さらに2001年、ジャック・ラング文部大臣とディワンのあいだで、ディワン学校を国立の公教育に組み込む協定が結ばれるものの、決定は憲法院で棄却される。その理由は、ディワンのイマージョン教育の成果は高く評価されるものの、公教育法に合致していない、というものだった。

公立学校とカトリック系私立学校におけるバイリンガル教育の発展

　ディワン学校の設立は、ブレイス語の歴史上画期的な出来事だった。というのも、当時、ブレイス語は衰退の一途にあり、将来も存続すると考える人は、ごく少数にとどまっていたからである。

　そのうえディワンは、公立学校での「同等時間割」によるバイリンガル教育実現への道をも、切り開いた。それは、「ディウ・イェース」（Div Yezh, 二つの言語）運動に参加したPTAの奮闘によって、1983年に開始された。その後さらに、「ディユン」（Dihun, 目覚め）という団体を結成した親たちの働きかけで、カトリック系私立校でも、1990年から、バイリンガル課程が始まった。

　今日2010・11年度の時点で、これらバイリンガル教育を受ける生徒の数は、公立校で5,600人、カトリック系私学で4,400人と、ディワンの生徒数を大きく上回っている。

　バイリンガル教育は、それを支える法律や発展のための真の政治ビジョンが欠如しているなど、難しい問題を抱えてはいるものの、年々拡大する傾向にある。

　公立・私立・ディワンという、三種の学校を合計すると、バイリンガル教育課程で学ぶ児童生徒は、2005年は1万409人だったが、2010年は1万3,445人に増えている。

ブレイス語の出版物

　ブレイス語の出版物も、この動きに一役買っている。ここでも、推進力と

なっているのは、民間団体である。ブレイス語教育を受けている若者たちが対象なため、読者層は限定されるものの、小説、物語、詩、劇作、漫画と、そのジャンルは多岐にわたる。

　ブレイス語の刊行物でまず名前を挙げるべきは、専門出版社であり、1945年に同名の文芸誌を創刊した『アル・リアム』（Al Liamm,「絆」）であろう。それから、文芸誌でありながら、ニュースに多くのページを割く雑誌『ブリュド・ネーヴェス』（Brud Nevez,「新情報」）。1980年代以降、「ケイト・ヴィンプ・ベオ」（Keit-Vimp-Bev,「生き続ける間」）協会は、若者向けの雑誌数点と週刊誌『ヤー』（Ya,「賛成」）を刊行し、ブレイス語で最新情報を紹介している。また、ブレイス語の月刊誌『ブレマン』（Bremañ,「現代」）は、世界で問題となるさまざまなテーマをとりあげている。

　特筆すべきは、日刊紙『テレグラム』が、毎週1回木曜日に、文化的なニュースをブレイス語で紹介するページを設けていることだ。

視聴覚メディア

テレビ

　1970年代、国営テレビ局「フランス第3チャンネル」は、1週間に数分間のブレイス語の放送を開始した。これまでテレビは、ブレイス語の話者の圧倒的多数が暮らす、農村地域の人々を対象としてきたが、今日、ディワン学校や公立・私立学校でバイリンガル教育を受けた若者が誕生していることを受けて、ヴァラエティ豊かで斬新な番組を提供している。とはいえ、放映時間は、週に1時間を超えてはいない。

　それに加え、毎日正午、5分間だけ、ブレイス語で情報が流される。

　とはいえ、これらの番組は、リゲール・アトランテル県では通常の周波数で見ることができない。

　そうした状況のなか、ブレイスの地域圏議会と県議会の支援により、インターネット上で視聴できる民間放送が発展した。「ブレゾーウェブ」（Brezhoweb: http://www.brezhoweb.com/）も、その一つである。

　その一方で、国は、2000年に設立されたブレイスの民間地方テレビ局「TVブレイス」（TV Breizh）に地上波の周波数を許可しない方策をとり、なりふりかまわず、その存在を阻止したのである。地方テレビ局が設立されれば、ブ

レイス語でいくつかの番組の放映が可能になる。

ラジオ

　ラジオの分野では、国営ラジオ局「フランス・ブルー・ブレイス・イーゼル」(France Bleu Breizh Izel) が毎日、2時間弱の番組と、5分間のニュース番組を3度、ブレイス語で流している。

　が、ここでもやはり、民間団体が重要な役割をはたさなければならなかった。国と地方自治体からかなり限られた助成金しか受け取っていないため、資金が少ないにもかかわらず、民間団体は、「ラジオ・ブロ・グウェネト」(Radio Bro Gwened) と「ラジオ・クレイス・ブレイス」(Radio Kreiz Breizh) というバイリンガル放送局2局を創設する。さらにその後、1982年法によって国の独占事業が縮小されると、1990年代、ブレイス西部に、ブレイス語で放送を行う「ラジオ・ケルネ」(Radio Kerne) と「アルヴォリグFM」(Arvorig FM) の2局が設立された。

V.　ブレイス語とその文化の発展のため、いまだ続く毎日の戦い

　ブレイス語を国に公認させることは、避けて通れない重要な目標であるが、言語の将来を確実なものにするには、それだけでは十分ではない。カタルーニャ、エウスカル・ヘリア（バスク）地方、カムリーなど、ヨーロッパの他の地域が、その良い例だ。

　フランス語のみで記された道路標識に、ペンキでなぐり書きする運動が展開され、それによって、地方自治体はようやく、二言語の標識を設けるべきときがきたことを悟った。今日では、地方自治体は、ブレイス語事務局の「ヤー・ダル・ブレゾーネグ」(Ya d'ar brezhoneg, 「ブレイス語に賛成」) 憲章に署名し、二言語の使用を普及させている。ちなみに、このブレイス語事務局は、2010年、公的団体となった。

　1977年、ブレイス（ブルターニュ）文化憲章がヴァレリー・ジスカール・デスタン大統領によって「授けられた」のも、一連の文化運動の奮闘の成果であることは、否定できない。この憲章は、ブレイスの言語と文化へのごく形式

的な認知を示したものだが、国の公式の文書であり、それによって民間団体の活動手段の獲得につながるものであった。

さらに決定的な役割を果たしたのが、フランソワ・ミッテランが大統領に選ばれ、1982年に成立した地方分権法である。これは、ブレイスが声高に要求してきたことの、一つの成果であった。この法律により、ブレイスの地方自治体は、文化活動を推進する協会団体に資金を提供し、文化の発展に寄与できるようになった。実際、県議会や地域圏議会の行政権は、国が任命する首長の手から、選挙で選ばれた議員たちの手に移管されたのである。

さらに2004年、この地方分権法により、ブレイスの行政区分をカバーする地域圏議会は、社会党のジャン＝イヴ・ドゥリアン議長のもと、つぎのような言語政策を決定した。それはすなわち、「フランス語のほかに、ブレイス語とガロ語がブレイスの言語として存在することを公的に認める」というものだ。これにより、さまざまな分野でブレイス語とガロ語が発展するように、県と市町村の供出する資金に加え、かつてないほどの大規模な財政支援がもたらされたのである。

しかしながら、地方議員の権限には限りがあり、予算は少なく、立法権がまったく付与されていない。それに対し、他のヨーロッパの国々の地域では、まったく事情が異なる。特に、イタリア、ドイツ、スペイン、イギリスには、ある程度の自治権を享受している地域がある。フランスでは、自分たちの言語を擁護する法律の制定を求める地域運動は、つねに必ず政府の拒絶に直面してきた。ブレイスが、その良い例だ。地方議員の権限の限界は、このことによって説明がつく。国はこれまでも、さまざまな約束をし、地域語少数言語の保護を謳ったヨーロッパ憲章を批准したのであるが、そのかたくなな態度は変わらない。

現在、フランス国内の地方自治体の改革は、ふたたび中央集権に回帰しようとしている。それは、本当にすべきこと、いっそうの民主主義に対する人々の望みとは、真逆の方向に向かっているということだ。人民が、民主主義制度の実施を願って独裁者を倒そうとするとき、権力はその独裁者に支援の手をさしのべる。それと同様のことが、いま起こりつつある。

何はともあれ、ブレイス語と多言語教育の恩恵を受け、コンプレックスから解放された、新しい世代が育ってきている。

フェスティバルや劇場、あるいは電車のなかで、ブレイス語が話されている

のを聞く機会は、十年前にくらべ、格段に増した。ブレイスの人々は、公けの場で、自分たちの言語を使うことを認められる権利を求めているだけなのだ。例えば、「アイタ」という若者のグループは、ブレイスの国道で二言語の使用を要求し、集団で道路標識を取り外す運動を展開している。

ブレイスの新世代アーティストたちも、文化の多様性の擁護にますます強い熱意を感じている。よりいっそう民主的なシステムにおいて、すべての人が自分の考えを表現し、自由に思考すること。それは、すぐれた才能と豊かな個性を持った偉大なアーティスト、ノルウェン・コルヴェル（Nolwenn Korbell）から、パンク・グループ「ラモナール・ド・メニール」（Ramoneurs de Menhirs, メンヒルの煙突掃除人）まで、共通する願いである。さらには、テレビの「スター誕生」に相当する「スター・アク」という番組から、

民族歌を歌うアラン・スティーヴェル
2009年サッカー、全仏クラブ選手権決勝（パリのフランス・スタジアム）でブレイスの2チーム（ロアゾン（レンヌ）とグウェンガン（ガンガン））が対戦し、その折、ブレイスを代表する歌手アラン・スティーヴェルが民族歌「ブロ・ゴース・マ・ザドゥ」（Bro Gozh Ma Zadoù, 我が祖先の古き国）を歌った。

インターケルティック・フェスティバルにおける「バガド」

きわめて商業的な方法でデビューした、ノルウェン・ルロワ（Nolwenn Le Roy）も同様である。彼女は、ブレイス語を勉強し、みずからのアイデンティティを「ブレイス娘！」と断言し、これをCDのタイトルにした。メディアの驚きのなか、このCDはフランスでトップの売り上げに輝いたのである。

あとは、金融危機を乗り越え、人々のあいだに友愛と正義、平和をもたらす新たな世界を構築することが待っている。

ケルト諸語文化
の復興

2

カムリー語の現状と文化再生

メイリオン・プリス＝ジョーンズ
[Meirion Prys Jones]　　　　　　　　　　　　　　　（小池剛史訳）

I.　はじめに

　ケルト諸語の一つであるカムリー（ウェールズ）語には、かつては100万人を超える話者がいた。現在では60万人が、自分はカムリー語話者であると答えている。
　この数字は、カムリー語が西ヨーロッパのケルト諸語のなかでもっとも活発な言語であることを示している。カムリー語が堪能であるという人々のうちの82%は、日常生活のなかでの使用者である。カムリー語とその話者との間には、人工的ではない、ごく自然な好ましい関係がある。このことは少数言語では珍しいことである。

II.　言語と歴史

　ケルト語には二つの派がある。一つはアルバ（スコットランド）・ゲール語やマニン・ゲール語、エーレ（アイルランド）・ゲール語を含む語群で、他方はフランスのブレイス語、イングランド南西部のケルノウ語、そしてブリテン島西部カムリーのカムリー語を含む語群である。カムリー語が最初に話された

のは約 1400 年前で、現在のカムリーだけでなく、北部イングランド、スコットランド南部に至る、現在よりもずっと広い範囲で話されていた。

約 450 年前、1536 年〜 1543 年の併合法により、カムリーがイングランドに併合され、法的に英語がカムリーとイングランドの公用語として確立しはじめる。法律により、「今後、カムリー語話者は、英語を使用しない限り、何人たりとも公職に就くことが出来ない」と定められた。このため、この 450 年間、カムリー語はカムリーにおいて公的に用いられることがほとんど

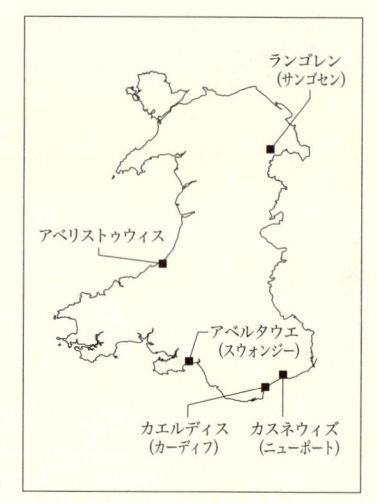

カムリー

なかった。このことは、カムリー語が話される環境とカムリー語の地位に大きな影響を及ぼした。知識階層ではなく民衆階層で用いられ、また他方ではキリスト教の言語として、カムリー独自の文化の言語となった。

　この 100 年間に、カムリー語を取り巻く環境とその地位が劇的に変化した。こうした変化は、カムリー人の政治的独自性の変化と関わっている。1872 年のカムリー大学設立からカムリー国立図書館の設立にかけ、カムリーはますます英国内で独立した存在となっていった。1982 年、カムリー語テレビ放送開始に伴い、カムリー語の地位はさらに上昇し、教育法により、カムリーのカリキュラム内ではすべての児童が学ばなければならない主要科目となった。また、この 15 〜 20 年の間にカムリー言語法およびカムリー語評議会が発足した。こうした独自性は、1999 年のカムリー議会設立によって、より具体的なものになった。こうして、カムリーは国家的独自性を持った地域だという政治構造が、この 20 〜 30 年間に確立した。

　この変化と同時並行的に、カムリーの住民の間にも独自性の意識が芽生えている。これは特に、カムリーのスポーツへの関心と、カムリー人であることの誇りにはっきりと表われている。この傾向は、カムリー語を取り囲む環境にも見られる。この 30 年間で、一般市民のカムリー語の見方に変化が生じた。40 年程前は、カムリー語は農民、田舎の人々、かつて工業地帯であった地域の言

葉だった。ところがこの40年間にカムリーの地位が上昇し、これまで以上にカムリー語と関わりたいという人が増えてきた。カムリー語は価値ある財産なのだから、使おう、保存しようと考える人々が増えてきたのだ。

III.　言語の衰退と復興

　上述のように、300万のカムリー人口のうち、約60万人の人々がカムリー語話者であると答えている。カムリーを離れた離散者たちを含めると、話者はおそらく70〜80万人になる。この数百年間にカムリー語話者は激減、この40〜50年間でカムリー語話者の数が大きく変わった。中心地は、カムリーの西部および北部である。グラフを見るとわかるように、話者数の割合が70％以上を示す地域の数が、過去40年間で急速に少なくなっている (図1)。
　ところが、過去30年間のデータを見ると、子どもにカムリー語を学習してほしいと望む親が増えるという傾向が見られる。その結果、1981年と1991年の調査報告を見ると、カムリー語が話せる5歳〜15歳の子供の数が増加しているのが見てとれる。このことは、過去10年間に行われた調査で、カムリー語話者であると自覚している人々の割合が増えていることにも反映している。1991年〜2001年では、カムリー語話者であると自覚している人々の割合が約2％増えた (図2)。人口の18.7％から20.8％への増加だ。これは二重の意味で興味深い数字である。まず一つは、話者人口が増加したことである。もう一つは、カムリー語への態度と国内でのカムリー語の地位が変わったこと

図1　国勢調査でのカムリー語話者の割合（黒部分が70％以上）

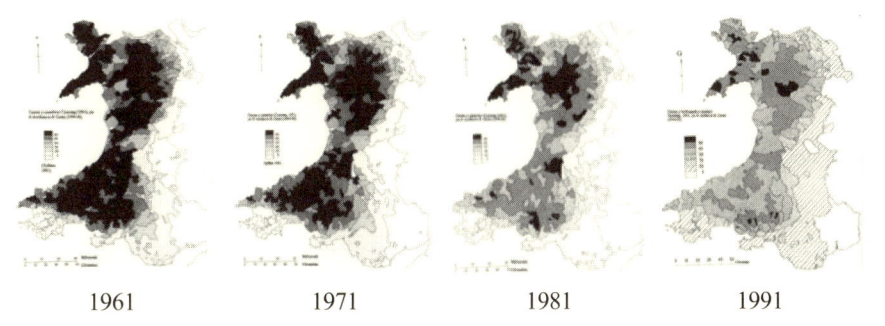

1961　　　　　1971　　　　　1981　　　　　1991

図2　カムリー語話者の割合（年代的変遷）　　図3　2001年の世代別カムリー語話者

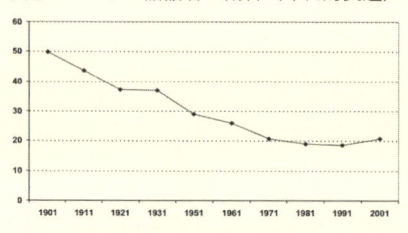

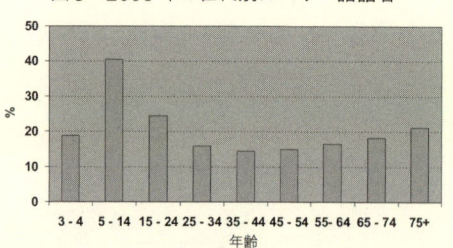

である。グラフを見ると、現在もっとも話者数の多いのは5歳〜14歳であることがわかる**（図3）**。このこと自体は、未来を考える上で私たちにとって大きな課題だ。

　現在カムリー語が話されている地域は、話者の割合ではカムリー西部と南部である。ところがカムリー語話者人口分布は変化しつつある。カムリー語話者は町や都市で生活することを望むようになった。カムリーの全選挙区の80%では、カムリー語話者であるという人々が最低10%はいる。カムリー語の地位、そしてカムリー語使用への支援も高まるなか、カムリー語の使用とその地位の拡大のための法制化を求める声が大きくなっている。この十数年間カムリー語支援のためにさまざまな法律が制定されたが、もっとも重要なのは1993年に成立した「カムリー言語法」である。

カムリー言語法

　「カムリー言語法」は法律としては比較的単純な形式のものだ。この法律により「カムリー語評議会」が設立され、公的機関におけるカムリー語政策を協議する法的権限が与えられた。またカムリー語評議会には、カムリー語の使用を促進するため、常識の範囲内であればどのようなことでも出来る権限も与えられた。カムリー語政策は、各公的機関とカムリー語評議会との間で協議されて実施される。この政策では、各公的機関はカムリー語話者に対して提供出来るサービスの大綱を示さなければならない。サービス内容はある程度詳細に記され、どのようなサービスが可能でどのようなサービスは不可能であるかを一覧表にする。これまでに550の運用計画が実施に移され、毎年チェックを受け、3〜5年おきに再検討を行う。カムリーに22ある地方教育機関も、カムリー

語教育政策について、カムリー語評議会と協議しなければならず、これらもまたカムリー語政策と同様の流れで進められている。

カムリー語評議会

カムリー地域内の民間団体も、言語政策に関してカムリー語評議会と協議するが、彼らが協議する

スーパー「テスコ」のバイリンガルの宣伝

のは法律にのっとった言語政策ではない。彼らの言語政策が概して上手く機能しているのは、彼らが自ら進んで政策を進めようとしているからである。彼らは、自分たちが二言語使用の公的機関なのだという独自性を自負している。主な公的機関が、英語とカムリー語でサービスが供給出来るように、また従業員たちが、二言語サービスを提供出来るように、適切な指導を与えるよう努めている。民間企業については法案のなかに含まれていない。しかし、彼らもカムリー語評議会と言語政策について協議しており、ブランド品店、スーパーマーケット、企業は評議会と言語政策について協議している。

言語政策によりカムリーにおける言語状況が変わった。1993年以前は、都会でカムリー語が目に付くことは滅多になかった。今では標識は二言語となり、出版物はカムリー語と英語で書かれ、そしてカムリー語そのものが一般の人々の前に現れるようになった。カムリー語教育政策について前に触れたように、カムリーにおける教育体制は、カムリー語の促進に対して大変協力的になった。実際、この教育体制がなければ、カムリー語は今日ほど強固な地位を築いていなかっただろう。

カムリー語教育

この50年間に、4歳〜18歳の子どもが小・中学校、高等学校、そして大学で、カムリー語を通して教育を受けることが多くなった。カムリー語による教育を通じてカムリー語話者が増加したのは、主に、就学前の早期カムリー語教育を行う機関の働きによるものである。「ミディアッド・アスゴリオン・

メイスリン」（Mudiad Ysgolion Meithrin, カムリー語幼児教育運動）が1971年に設立された。それ以来、子どもを就学前に、まずカムリー語による教育を受けさせてから、学校でカムリー語を主に用いる教育を受けさせる親が多くなった。

カムリー語保育所の子どもたち

社会のなかのカムリー語

　カムリーにおける言語政策を進める上で特に重要視された点は、カムリー語を使用出来る社会環境を整えるということである。特に重視したのは、若者が自分たちの地域社会のなかで、また学校外でもカムリー語を使用する機会を持つことである。この70年間、若者らが中心となり、子どもたちにカムリー語による社会的体験を味わわせようという活動が進められた。「イルズ・ゴバイス・カムリ」（Urdd Gobaith Cymry, 青年カムリー語同盟）は、カムリーにいるたくさんの若者がカムリー語を実体験できるよう活発に活動してきた。また、自治体レベルでも、この20年間に「メントライ・イアイス」（Mentrau Iaith, カムリー語生活実践）と呼ばれる地域のカムリー語への取り組みが進められた。現在までに21もの事業がカムリー中で行われている。これらの事業では、人々が地域社会レベルでカムリー語を使用することが出来るよう計画を進めている。これらは大変評判がよく、カムリー中の地域社会でカムリー語が話され、聞かれるようにするためのきっかけを作っている。

　カムリー語そのものの話者人口は増えており、それは10年ごとに行っている調査で詳細がわかる。ところが、カムリー語が話せるという人の数は増えているものの、カムリー語を日常的に使用しているという人の数は減っている。これを改善していく必要がある。カムリー政府は現在、カムリー語の地位をさらに高めるために、カムリー語担当官という、カムリー語振興を担当する専門職のための法案を通過させようとしている。カムリー語政策は新たな基準を設け、公的機関がカムリー語話者のためのサービス提供に応じるよう、より綿密な仕組みを作ることになっている〔これは2011年に実現した〕。

この 10 〜 15 年間で作られてきた基幹施設のなかにも、大きく変わるものが出て来ているが、意図していることは、新たな社会構造において、カムリー語がより効果的に守られ奨励されるようにすることである。
　政治、公共政策におけるカムリー語の、これまでの位置付け、そして現在の位置付けは以上のとおりである。

IV.　言語と文化

　どんなに政府が少数言語のための法制化を進めたところで、それだけで言語が救われ、人々がその言語を毎日の生活のなかで用いるようになるわけではない。カムリーでは、我々の文化、我々の存在そのものが、カムリー語で表現されている。
　カムリーをカムリーたらしめているまさにその中心に文化がある。それは我々自身を、我々の価値観を、そして我々の夢を、我々が感じるように表現してくれるものである。それはおまけのようなものではない。我々が一国として成し遂げたい夢のまさに核となるものである。文化とは、我々の毎日の生活のなかに当たり前のものとしてある——それは文学、会話、読書、遊びや娯楽、信仰、集い、すべてのものである。これらは私たちの身のまわりにあり、生活を形作るものであり、これらにおいて過去と未来が結びついている。
　概してカムリー人は文化と教育に対して肯定的である。それはカムリー語の歴史を通じて流れる潮流である。長きに渡り、カムリー語話者の識字率は高かった。また、過去数世紀のカムリーの社会構造において、社会階層間を隔ててきたものは、貧富の差ではなく、文化と教養の差だった。

詩歌と書きことばの伝統

　この数世紀間の文学者らの活躍がなければ、カムリー語は今日話されていなかっただろう。
　我々の知る限りでは、最古のカムリー語詩は約 1400 年前、6 世紀のものといわれている。それは、カムリー人がイングランド南部と北部における足場を失うこととなる、アルバ（スコットランド）南部での戦いを物語った詩である。

カムリー語による詩と物語という口承伝統は、この最初の詩が書かれた後600年にも渡り、カムリー社会の特徴として受け継がれた。ちょうどその頃生まれた口承伝統と文字伝統が、その後カムリー文化のなかで活発に生き続けた。

カムリー語で書かれたものを出版すること——特に重要だったものは、1588年の聖書のカムリー語訳である——、これがなかったら、カムリー語は遥か昔に消滅言語となり、そんな言葉があったことすら忘れられていたはずである。聖書のカムリー語訳は、カムリー語にとっての大きな礎となった。これによって、カムリー語が信仰の言葉となり、地域社会のなかでカムリー語が生きて用いられるようになったのである。

確かにキリスト教は、カムリー語識字率を高水準に高めることで、カムリー語を死滅から救った重要な要因の一つだ。しかし、キリスト教によって失われた伝統もある。カムリーの上流階級の伝統として、貴族らに賛歌や哀歌が詠われていた。ところが、もう一つの社会階層である、一般の人々の詩と歌の文化的伝統は失われてしまった。キリスト教、カムリーでは特にメソジスト派運動によって、男女の入りみだれる踊り、演劇、演芸は禁止された。またカムリーにおける地名も変更された。村や町の伝統的なカムリー語地名はヘブライ語風の地名に変えられた。ナザレと名付けられた町の方が、その隣にあるカムリー語地名のタル・ア・サルン（Talysarn）よりも良いとされたのである。

文学と出版

カムリー国立図書館には文学作品がずらりとならんでおり、カムリー内外から学生が大学にやって来て、カムリー語文学の講座を受講している。

しかし、書かれた文字伝統というものは、過去のものばかりではない。

カムリー議会が出資する公的機関であるカムリー書籍評議会は、カムリー内の出版界の中心であり、毎年600冊ものカムリー語書籍の出版の統括をしている。

カムリー書籍評議会はカムリー語の本への関心を喚起し、カムリー語書籍の出版を奨励し、作家、出版社、書店、図書館の連携を調整する。また、作家に便宜をはかったり、出版社への奨励金や援助金を授与したりするなどして、実践面また財政面で援助する。カムリー語による良質な書籍の出版を助成し、幅広い読者層の獲得に努めている。

カムリー人詩人や作家は、「どうしてあなたはカムリー語で本を出そうとするのですか？」とカムリー語を話さないジャーナリスによく訊かれる。英語の出版業界の方がお金になるのは間違いないし、カムリー語で書いて生計を立てるのは容易なことではない（何とか立てている人もいる）。「どうして？」と彼らは訊かれる。お金よりも芸術が大切なのだ。カムリー語で書こうとするのは、たとえ両言語の使用者であっても、彼らにとってカムリー語が母語だからであり、カムリー語こそ自分自身を表現出来る言葉だからである。最初に身に付けた言葉でこそ、もっとも深く語れるのである。従って、カムリー語で書くという時、多くの場合は政治的パフォーマンスではない。それは、ごく自然な行為なのである。

歌と音楽

　同じことはカムリー音楽にもいえる。カムリーは歌の国といわれる。もちろんこれは単なる俗説であり、カムリー人には一曲もきちんと歌えない人がいる。しかし、カムリーが歌唱の伝統を誇りにしていることは確かであり、カムリーには優れたハープ奏者や男性合唱団、独唱者がいる。

　カムリーには「ケルズ・ダント」（Cerdd Dant, 弦音楽）の長い伝統がある。ハープの伴奏に合わせて歌を歌うというカムリー独特の技法だ。ハープ伴奏に合わせて歌う伝統は遥か昔、1000 年以上前のケルトのドルイドの時代まで遡る。もちろん、ケルト人以外にもハープの伝統を持つ民族はある。ところがカムリーの場合には、ハープの伴奏に合わせて歌うということが特別な意味を持っている。それは、詩と音楽の関わりである。ケルズ・ダントとは要するに、詩を唱謡するための一つの技法なのである。従って、言葉が何においても優先されるのである。

　20 世紀に入り、ケルズ・ダントは大きく変化した。20 世紀初頭には、個人の歌手が歌っていた。やがて二人組や小グループで歌う人々が現れた。その後、三人合唱や四人合唱が登場し、1970 年以降に初めてケルズ・ダントの合唱団が登場した。

　ケルズ・ダント祭は毎年行われ、規模も年々拡大している。50 年ほど前までは、ケルズ・ダント祭は小さな村の公共施設で開催できるほどの規模だった。しかし今ではカムリーの大劇場や国際会議場などで行われている。このように

成長した理由は、テレビやラジオに取り上げられるようになったためである。ここ 20 年間、ケルズ・ダント祭はテレビで放送され、高い視聴率を集めている。

工業と合唱

　カムリーは風光明媚で、緑なる山々、丘陵、そして渓谷の美しい国として知られている。ところが産業革命（通例 1730 年〜1850 年とされる）によって様相が一変した。絵画のように美しい山々、もっとも静寂な地域の地下には、石炭、スレート、鉄といった世界の近代化の活力源が眠っていたのである。

　カムリーの鉄が巨大な船や鉄道の建設のために用いられた。カムリーの一般炭は、ボイラー用としては最適の燃料となった。1870 年には石炭総生産量が 1,300 万トンに及び、その半分が、鉄道によって運搬され、カエルディス（カーディフ）やアベルタウエ（スウォンジー）、カスネウィズ（ニューポート）の港から世界中へ輸出されることになった。鉱夫らとその家族は過酷な生活を強いられた。何千人もの鉱夫が落盤や地下爆発で亡くなった。父親と息子が共に亡くなることも少なくなかった。政府調査委員会の報告では、僅か 6 歳の子どもまでが、12 時間もの間働かされていた実態が明らかになっている。さらに地上では、人口密集と劣悪な衛生状況のなか、コレラが大発生した。

　しかしながら、炭鉱の暗い穴、採石場の冷たい切り石から、友情、誇り、共同体としての強い絆が生まれた。新しい工業地域には、何千もの公共広場、クラブ、会館が作られた。工業国カムリーでもっともよく思い出されるのは、男性合唱団ではなかろうか。炭鉱から上がってきた労働者の男たちが、讃美歌をうっとりするような和音で大合唱するのである。

　重工業は今や過去のものとなった。木々や草が生え、谷間には緑が戻ってきたが、工業化という過去の遺産は今でも色濃く残っている。音楽に、そして我らの精神に。

　とは言っても、民謡や賛美歌だけの話ではない。1960 年代にはカムリーの現代的音楽が表舞台に登場した。音楽は時代の思潮を反映して、ここ数十年で大きく成長した。この数年、カムリー語で演奏・録音したバンドが一体いくつあるか、また現在いくつのバンドがあるのか、全く知る由もない。きっと何千も作られていることだろう。

現代の音楽

　海外に行くと、カムリーのポップスとはどんなものか、とよく訊ねられる。私はこの質問に上手く答えることが出来ない。イングランド、アメリカ、日本の人でも、自国語のポップス音楽を一言で表現することは容易ではないだろう。
　歌詞だけはカムリー語だ。それだけが唯一の共通点で、その他はすべて多種多様なのだ。ジャンルもさまざまで、どんなカテゴリーに入れたらよいのかわからない。
　歌詞がカムリー語で書かれていたら歌の魅力は落ちるのだろうか？　そうとは限らない。概して人は、歌詞が何語で書かれていようと聴く人は聴くものだ。ヨーロッパのバーに行って音楽を聴けば、それが聞き苦しいユーロビートの音楽か、中身と思想のある音楽であるか、すぐわかるだろう。カムリー語音楽がさらに広まるためには、為すべきことはまだある。文化祭や、カムリー語放送以外のようなところでも、カムリー語音楽を聴くことが出来るようにしたいものだ。

演劇

　カムリー語演劇は、18世紀になってようやく社会に認められて舞台に現れはじめた。最初はフェアと呼ばれる縁日や市場で、幕間劇、また韻文劇の形で登場した。19世紀になると大きなカムリーの町々に劇場が建ちはじめた。劇場と並んで、あちこちの劇場や市を回る巡回劇団も現れた。
　2003年にはカムリー語公立劇団が作られる。この劇団はカムリーの大劇場で演じたり、境を越えてロンドンで演じたりすることもある。また全国アイステズヴォッドに参加することもあり、また学校や地域社会との密接な関係を持とうと努めている。公立劇団以外にも、さまざまな劇団がカムリー中の町村で、演劇、喜劇、その他の舞台芸術をカムリー語で演じている。

アイステズヴォッド

　ここで、アイステズヴォッドについて詳しく説明しておこう。
　アイステズヴォッドの起源は1176年に遡る。最初は、国中からやってきた

詩人や音楽家らの壮大な集まりだった。「聖卓の玉座」が最高の詩人と音楽家に授与された。これは現代の全国アイステズヴォッドに今も残る伝統だ。

今日、全国アイステズヴォッドは世界的に有名な大文化祭であり、毎年16万人以上もの来客を集めている。ここでは、選び抜かれた文化、音楽、アート、さまざまな活動を、年齢を問わず楽しむことが出来る。アイステズヴォッドは、カムリーのすべての人々のための巡回文化祭なのである。どこに住んでいても行くことのできる祭り、これがアイステズヴォッドの魅力の核心である。

アイステズヴォッドは毎年、南部と北部で交替で行われ、開催地にとっては地域活性化につながる大きなイベントである。

アイステズヴォッドは、地域社会でのカムリー語の使用、そして地域での文化活動への参加を促す理想的な機会であり、また開催地にとっては観光地として発展する機会となる。地域への経済効果は絶大で、1週間で開催地に600〜800万ポンドもの利益がもたらされる。

アイステズヴォッドは、文学、音楽、踊り、唱謡、演劇、アート、科学技術など、カムリーのさまざまな文化が集まるところであり、期間はわずか1週間だが、そのための準備活動は開催の2年以上前から行われる。開催地では、祭りが終わった後でも、カムリー語の使用を促進する催し物を行い続けている。

カムリーの行事に、もう一つ重要なアイステズヴォッドがある。「アイステズヴォッド・アル・イルズ」（Eisteddfod yr Urdd, 青年アイステズヴォッド）だ。カムリー語使用を推進する青年運動家ら「アル・イルズ」によって運営されており、7歳から24歳までの若いカムリー人青少年たちが参加して、歌や詩の唱謡、踊り、演劇、音楽を競う。これは若者が運営する芸術祭ではヨーロッパで最大である。

国際アイステズヴォッドは、デンビー州ランゴレン（サンゴセン）で毎年7月に開催される。世界中から聖歌隊や合唱団、民俗舞踊団などの団体が参加し、それぞれ自分の国の民俗伝統を、世界最大規模のこの文化祭で披露する。1947年にはじまったもので、最初に平和へのメッセージで開会する。2004年にはノーベル平和賞候補としてノミネートされた。日本へ来る前に少し調べてみたところ、日本と国際アイスズヴォッドの間に強い関わりがあることがわかった。1985年に甲南女子大学合唱団がここで正賞を貰っている。また、1992年にも女性合唱団「遊」が他の国々を凌いで優勝するなど、日本が栄位に輝いている。

地域文化

　ここまで、カムリー語文化の歴史的流れと、古代から伝わる文化が、現代カムリーにおいて、地域全域レベルでどのように捉えられているのかを見てきた。しかしながら、文化と言語が生きたものとして残るためには、それらが地域社会レベルに根付き、民衆にとって自然なものでなくてはならない。

　かつての工業国カムリーについては既に述べたが、カムリーの特に中部や西部は、未だに農業に依存しているということも指摘する必要がある。カムリー農業地帯こそ、カムリー語がもっとも広く話されているところなのである。例えば北西部カムリーには、人口の80％以上がカムリー語を話している地域があり、そこではカムリー語は社交と仕事の日常言語となっている。

　「青年農民クラブ」は、農業地域の青年のための最大規模団体だ。これは農業地域の6,000人の若者らを代表する民間非営利団体である。団体の名称は「青年農民」となっているが、メンバーにはあらゆる職業の若者がいる。メンバーになると、一年を通じ、旅行からスポーツまでさまざまな活動に参加することが出来る。また海外に出たり、交流活動に参加したり、カムリー中の人々に出会い、友達を作ることも出来る。

　農業地帯で「青年農民クラブ」のような友好クラブは、カムリー語とカムリー文化の発展を促進する土壌となる。「青年農民クラブ」は、若者に娯楽と交流の機会を与えることにより、彼らが自分たちの地域社会に残り、地域経済や社会活動に貢献しようとするのを保証しているのである。

メディア

　どの国でも、どのような言語でも、メディアは強力な社会的、文化的影響力を持っている。メディアは、幅広い聴衆に対して強力で有力なメッセージを伝える力を持っているからだ。

　カムリー語社会は、発達するメディア技術を積極的に摂取してきた。カムリー人は、自分たちの言葉を「民俗文化」の檻に閉じ込めることにより発展にとり残されることがないように、いつでも新たなメディアを取り入れてきたのである。

　このことは、カムリー語がこれまで新たなメディアを取り入れてきた歴史を

見ればわかる。最初は印刷技術だ。印刷技術が発明されてから100年後には、ジョン・プライス卿がカムリー語による印刷を開始し、1546年に最初のウェールズ語の書物、『この書では』(*Yny lhyvyr hwnn*) を出版した。次に雑誌だ。英語で最初の雑誌『オックスフォード・ガゼット』(*Oxford Gazette*) が出て80年後、1735年に、カムリー語の最初の雑誌『古代の宝庫』(*Tlysau yr Hen Oesoedd*) が出版された。最初のカムリー語週刊誌『ゴメルの星たち』(*Seren Gomer*) の刊行は1814年に始まり、その4年後にはカムリーで最初の英語の週刊誌が発刊された。

　カムリー語社会は、新聞という新技術を素早く受け入れた。カムリー国立図書館の記録を見ると、1880年代末までに、25ものカムリー語週刊紙が刊行されていたことがわかる。紙媒体のメッセージの伝達が可能になった後、次の大きなステップは1900年代の無線技術だ。1922年にBBCが英国に設立され、カムリー発の最初の放送——そこにはカムリー語の歌も入っていた——が1923年に流れた。ラジオ技術の発明から30年後のことである。それ以降、カムリー語放送は増加し、今から35年前、1977年にラジオ・カムリーが設立され、現在の1日20時間というオンエアが出来るまでに拡充した。

テレビ

　カムリー語テレビ放送局、S4Cは1982年に放送を開始した。S4Cの開局以前と言えば、カムリー語話者は、せいぜいBBCウェールズやITVウェールズの地方版として時折カムリー語放送を、ゴールデン・タイムではない時間帯にのみ聞くことが出来たものだ。こうした時間帯での放映は、カムリー語話者にとってはただの子どもだましの甘言であり、不満だった。非カムリー語話者にとっても、英国の他の地域では放送されているプログラムの時間帯がずれたり、あるいは全く放送されなかったりすることもあり、迷惑なものだった。

　1970年代にカムリー語推進運動が起こり、カムリー語テレビ放送の要求を掲げた。彼らはすでに、BBCラジオ・カムリーという独自のラジオ局を持っていた。数々の抗議運動と非暴力の市民的不服従の結果、ついに英国政府は独立したカムリー語テレビ局を認可した。

　S4Cは、広範囲に渡るプログラムをカムリー語で放送する権限を委託されている。BBC4と同様、S4Cはそれ自体で番組を作ることはしない。BBCカ

ムリー（BBC Cymru）や独立した番組制作会社に番組を委託するのだ。S4C は特に子ども向け番組やアニメの制作に成功している。「スーパー・テッド」「消防士サム」「サリ・マリ」など、元々 S4C 用に制作されたアニメの放送権は、世界中のテレビ局が買っている。S4C 用のテレビ映画には海外でも高く評価されているものがあり、「ヘッズ・ウィン」（第一次世界大戦で戦死したカムリー詩人エリス・ハンフィリー・エヴァンスの生涯を扱った反戦映画）は、1993 年にアカデミー外国語映画賞にノミネートされ、「ソロモンとガエノル」（ユダヤ正教男性がカムリー人女性と南カムリーの谷間で恋に落ちるロマンス物語）は 2000 年に同賞にノミネートされた。

この 30 年間で、S4C は最新放送技術と共に発展した。2011 年の完全デジタル放送化に伴い、2012 年末までにはすべての番組を高解像度映像で制作出来るようになる予定だ。

新しいメディア

カムリー語の「新たなメディア」にはさまざまな形式のサービスがあり、例えば S4C デジタルテレビ放送や、BBC ウェールズがケーブルテレビで NTL や「テレウェスト」(Telewest) の顧客にニュース、天気予報、スポーツなどを配信するデジタル・テキスト・サービス、最新のカムリーの話題を提供する WAP 携帯電話ニュースサービス、デジタルケーブルを通じて英国とヨーロッパで聴取可能なラジオ・カムリーの生放送、RSS によるカムリー語ニュース見出し記事のウェブサイトへの配信などがある。また、ブログやウェブの分野においても、カムリー語のものが増えている。

また、有志が集まってフェイスブックを 2 年ほど前にカムリー語に翻訳したことは、勇気付けられるニュースだ。

V.　おわりに

このように、カムリー語は、カムリー文化が密接に絡み合い、古代からあらゆる苦境を経て、現代まで生き残り発展してきた言語なのである。

今世紀、我々はこれまでにない最大の壁にぶつかることだろう。グローバル

化の時代に入り、私たちは自分たちの言葉と文化を守るため、一丸となって奮闘しなければならない。

　世界規模の経済危機はカムリーに大打撃を与えた。公共支出が大幅に削減されたのだ。2011 年、カムリー議会はカムリー語促進のための予算を確保したことは嬉しいことだ。しかし、カムリー語放送局である S4C への予算は安心出来ない。英国政府は S4C を BBC と合併させる案を検討しており、この放送局が独立を維持出来るかどうかは協議中である。現在、カムリー語放送の存続を守るための運動が行われており、カムリー語評議会がその運動に大きく関わっている。

　芸術と文化は、良き時代にだけあるものではない。それは我らの幸福のため、特に困難に直面した時にこそ力を発揮するものだ。それは我らの経済的幸福に寄与するだけでなく、人間の精神に作用するものだ。それは雇用を創出し、創造性を高め、人を鼓舞し、励まし、そしてゆり動かすものでもある。

　文化というものは、進歩のための原動力である。文化は、信念を持った多様で前向きな国家になるための源である。私たちは文化を愛し、育て、讃えるべきなのだ。

　前向きになれるように、最後は前向きな言葉で締めくくろう。カムリー語は、活気溢れる言葉であり、多くの支持者に恵まれ、話し手たちは皆、カムリー語を支援してくれる。今日、少数民族言語は絶滅の危機にあるにも関わらず、カムリー語とカムリー社会は、この言葉が次世紀までの存続を保証してくれると信じている。

ケルト諸語文化の復興 3

ケルノウ語復興の現状

ダヴィス・ヒックス
[Davyth Hicks]

(米山優子訳)

はじめに

　本報告では、ケルノウ（コーンウォール）語の歴史とその復興、そして現段階での復興の成果を論じる。次のケルノウ語の格言は興味深いものだ。

　　An lavar koth yw lavar gwir,
　　Na bos nevra dos vas an tavas re hir,
　　Mes den heb tavas a gollas y dir.

　　いにしえの格言は真の格言、
　　久しく言語からよいことは何ももたらされなかったが、
　　己のことばを失った者は祖国を失った。

I.　　言語と歴史―その背景

　ケルノウ語は、ブレイス語とカムリー語と同類で、Pケルト語派の一つであり、かつてブリテン島全体で話されていた初期ブリトン語から発展した。中世

初期、ブリテン島南東部はアングロサクソン人によって掌握され、ブリテン島南西部全域はブリトン人のドムノニア王国に支配されていた。ドムノニア王国は300年間近く、ドーセットとサマセットとの境界とほぼ重なる、東側の境界線を動くことはなかった。しかし、西暦800年代の一連の戦いの後で、アングロサクソン人のウェセックス王国が西に勢力を拡大すると、ブリトン人は936年にはエクセター及びデヴォンからケルノウへと追いやられた。ケルノウとイングランドとの境界に流れるテイマル川は、この時以来、今日に至るまで両地域を分かつ象徴的存在となっている。地名から判断すると、イングランド人はデヴォンにかなり密集して定住していた。テイマル川に沿って、ケルノウとイングランドの間に長期的に定まった、明確な地名学上の境界が示されている。デヴォン北部にはブリトン語系の地名の一群があり、この区域ではケルノウ語が更に長期間話されていた可能性が窺える。

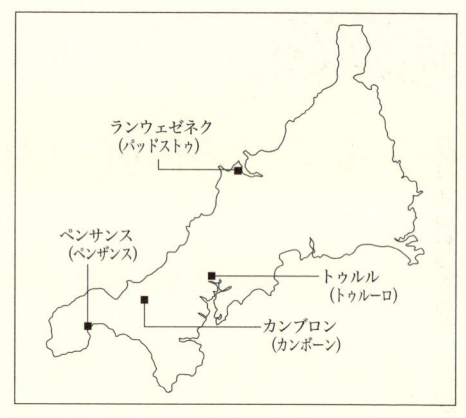

　1100年代まで、カムリー語とケルノウ語の話者は相互に理解しあえたが、両言語は次第に別個の言語として発展していった。ドーセットやデヴォンから、ブリトン人がブレイスへ移動したことにより、彼らのことばはブレイス語として発達した。しかし、両地域の地名が類似していることからも推察されるように、16世紀まではケルノウ語とブレイス語の話者は相互に理解しあうことができた。

　ケルノウがイングランド王国の司法権下に置かれた経緯については、論争が続いている。ケルノウは西カムリーと言及されることもあったが、イングランド王に従属する地位にあり、初期の頃は独自の教会制度を有していた。ブリテン島南西部は鉱石の豊富な産出地として知られるが、1198年と1201年には、ケルノウとデヴォンのスズ鉱山の利益を分割する法律が定められ、これを制定したスズ鉱山議会（the Stannary Parliament）は、ケルノウの慣習法を保持す

る、独自のケルノウ議会へと発展することとなった。1337年以降、ケルノウは準自治権を持つ王領として管理された。中世を通じて完全に日常的に使用されていたケルノウ語は、近代初期までは、基本的に全住民のあらゆる社会階層において、普通の話しことばであった。1340年代の黒死病による人口減少の前には、最大で3万8,000人ほどの話者数を擁した。その後、14世紀中頃～16世紀中頃には、ケルノウの人口が相当数増加したが、3万3,000人ほどの話者数は維持された。この時期は、ケルノウ語の文学が花開き、聖人伝の劇がよく上演される黄金時代であった。

　しかし、1547年にエドワード6世が、これまで使用していたラテン語の祈禱書ではなく、新しい英語の祈禱書を使うように定めると、ケルノウの人々は、自分たちの伝統的な言語文化を支えてきた、カトリック教会に対する攻撃に怒りを爆発させた。1549年に暴動が起こり、命を落とす者もあった。その葬儀で、支配層の人々は、ケルノウ語を貧困と「後進性」だけでなく、反抗と治安妨害に結びつけただろう。このことはなぜ英国国教会の祈禱書がカムリー語に翻訳されたにもかかわらず、ケルノウ語に翻訳されなかったのか説明するのに役立つかもしれない。確かに言えるのは、ケルノウ語の教義書を作成しなかったことで、ケルノウ語の衰退が大いに速められたということである。これ以降、ケルノウ語から英語への言語シフトは東から西へと進行していった。

　つづいて、チャールズ1世を支持したケルノウ人は、もっとも忠誠心が厚いという名声を勝ちとったが、クロムウェルの勝利によって致命的な打撃を受けた。1646年の王党派の敗北は、伝統的な「ケルノウ性」を更に衰退させていくことになった。18世紀末に、コミュニティ言語として用いられていた最後のところでその役割を終え、衰退はもっと進んだ。しかし、ケルノウ語の知識と教養は、最後の母語話者が死亡した後も残り、1世紀以上保持された。ケルノウ語の単語、語句、祈り、格言はケルノウの庶民によって口承で受け継がれ、ケルノウ語研究が多くの研究者によって進められた。

　ケルノウ語が数を数えるのに使われるという報告が多数なされて、西部では魚を数える際に使われていた。漁業や子どものゲームで今も用いられているケルノウ語の単語は、19世紀から20世紀の多くの研究者によって収集された。1875年には60歳代の6名の話者が発見された。1891年に死亡したゼノンのボスウェドナク農場の農夫ジョン・デイヴィーには、伝統的なケルノウ語の知識があった。

中世末期から広範囲に多大な影響をもたらした政治経済の変革によって、ケルノウ語を取り巻く状況も急速に変化した。ケルノウ語が「死滅した」というのは正確ではない。ケルノウ語協調会（Cornish Language Partnership）が主張するように、「ケルノウ語はコミュニティ言語として使用されることがなくなっていた」というべきであろう。

II.　復興

　ケルノウ語に関心を持って取り組んでいた人は多かったが、その一人であったヘンリー・ジェナー（Henry Jenner）は、1904 年、大英博物館で入手した文献に基づく『ケルノウ語の手引き』（*Handbook of Cornish Language*）を出版した。実際に話されることばとしてのケルノウ語の復興は、これで弾みがつけられた。ジェナーの仕事は他の者に、とりわけロバート・モートン＝ナンス（Robert Morton Nance）に引き継がれた。モートン＝ナンスはジェナーと共に、更に多くのケルノウ語に関する調査と収集を行い、最終的には中世の文献に基づく「統一ケルノウ語」（Unified Cornish）という綴字法を体系化した。

　20 世紀初頭から、言語の復興がはじまった。学校では正規の教育課程の外で教えられ、また夜間クラス、講習会、コンクールなどが定着していった。ケルノウ語話者向けの書籍や雑誌が出版された。1980 年代及び 1990 年代初めは、補足的な文献調査に加えて言語復興理論の見直しと検討が行われた時期であった。この結果、ジェナーとモートン＝ナンスが 20 世紀初頭に行った初期の調査とは異なる手法が提案され、ケルノウ語を進展させることとなった。

　1980 年代初期には、リチャード・ゲンドール（Richard Gendall）が後期ケルノウ語の調査をはじめた。言語復興は、その言語が最後に話されていた時代にもっとも近い資料に基づくべきだという前提で、彼は取り組み、この研究から「現代ケルノウ語」（Modern Cornish）が生み出された。1980 年代後期、ケン・ジョージ（Ken George）博士は、ケルノウ語の音韻論に関する大規模な調査を行った。いかにしてこれを、合理的な綴字法に結びつけることができるかということも考慮され、この成果が「共通ケルノウ語」（Common Cornish）の形成へとつながった。1995 年に、ケルト学者のニコラス・ウィリアムズ（Nicholas Williams）教授が、「修正統一ケルノウ語」という「統一ケ

ルノウ語」の修正版を提案した。これは16世紀の文献を主な資料としている。

　4つの綴字法は話者と学習者の間で選択的に使用され、学術的なアプローチが明らかに異なるにも関わらず、相互に理解することが可能であった。しかし、ケルノウ語を最大限に発展させるために、市民生活と学校での使用において、書きことばの標準綴字法の制定へ向かう方針が決まった。もっとも、各綴字法はすべて有効であり、学術的に価値が高く、充分に調査されたケルノウ語の体系であるため、標準綴字法と併用されつづけるだろう。書きことばの標準綴字法を決定するために、このような状況を熟知した著名な言語の専門家から成る委員会が、これまでの経験と助言を加え、ケルノウ語の幅広い使用者の知識が活用された。さまざまなケルノウ語話者が意見を提供し、委員会はそうした意見に耳をかたむけた。こうした討議を通して、話者に使用されるすべての体系を勘案した「標準書きことば」が成立したのである。こうして正規の教育と市民生活において使用されるようになった「標準書きことば」は、新しい資料と、ケルノウ語に対する公共団体に近年見られる情熱によって、これらの領域でますます用いられるようになっている。

III.　現状

　2003年3月、ケルノウ語の復興は、前進に向けて新しい一歩を踏み出した。ケルノウの団体と地方行政府による7年間のキャンペーンの後、英国政府が欧州地域語少数言語憲章第2部に、ケルノウ語を明記したのである。地域語少数言語を振興し、発展させるために立案された国際条約である憲章の条項の下、英国政府は9つの目的と原則——たとえば文化的な豊かさの表現としてケルノウ語を認識していることを示したり、ケルノウ語を振興するための「確固とした行動」を支えたりするなど——に基づいてその政策、立法、実施に関わっている。重要なことに、憲章が承認されると、ケルノウ語復興に向けた努力を支える英国政府の財政的な支援が得られるようになった。英国政府による承認は、ケルノウ語に対する「公式の承認」と解釈されることにもつながり、ケルノウ語を更に推進することになった。憲章は現行の条項をもとに運用される。第2部の段階にあるケルノウ語は、あらゆる言語領域で更に充実した振興と発展を担う、第3部へと「昇進」するよう、条項が規定されている。

以前は欧州少数言語事務局（EBLUL）のケルノウ委員会が、ケルノウ語のための活動を担っており、これが「討議と協調」（Forum and Partnership）運動へと発展した。一連の市民協議会に続いて、2004年に「ケルノウ語のための戦略」が作成され、2005年にケルノウ委員会で採択された。更に2006年には対策部長と開発担当官が任命された。このようにして、ケルノウ語には、2000年以前にはなかった公的組織の基盤が与えられたのである。

　2000年以前に、ケルノウ語はまさに地元にかかわる問題だと認識されていたが、ほぼ間違いなくこのことが強みになっていた。法的規定や公的支援はなかったが、ケルノウの人々は自分たちの言語を取り戻した。それは彼ら自身がケルノウ語を必要とし、保持したからである。ケルノウの人々を支える者は他に誰もいなかったし、ある場所では復興に向けた努力が軽蔑された。強調されなければならないのは、まさにケルノウ語の復興がどれほど注目すべきことだったかということである。

社会言語学的状況

　ケルノウ語話者の正確な人数と、さまざまな能力のレベルについて確実な数値はない。現在まで、英国の国勢調査にケルノウ語話者を調査項目として加えることは拒否されつづけている。言語計画で成果を生むためには、正確な話者数に関するデータの把握が不可欠である。更に、ケルノウ語は使用されていない言語領域が多いので、言語領域ごとに社会言語学的な状況を示すのは難しい。

　現在の話者数に関する推定値はまちまちだが、ケルノウ語話者の数は増加している。ケルノウ語話者の数を確定するには、ケルノウ語を話す能力をどのように定義するかが問題になる。「簡単な会話ができる」という話者数の平均的な値は3,000人である。「ケルノウ語のための戦略」は、人数に関しても言語能力に関しても、ケルノウ語話者数を推定する根拠を提供するものである。復興の取り組みが成功しているおかげで、ケネス・マッキノン（Kenneth MacKinnon）による2000年の調査では[1]、流暢に話せるのは300人とされていたにすぎなかったが、2008年春の調査では2,000人が流暢に話せると推定されている。

　2008年に「ケルノウ語協調会」は、710人の話者に対してケルノウ語の現状に関する調査を行った。結果はオンラインで知ることができる[2]。要約する

と以下のようになる。

- 話者のうち男性が60%、女性が40%である。
- 比較的年齢層が高い。64%が45〜74歳である。調査対象全体でもっとも割合が大きいのは年金受給者に近い55〜64歳である。
- ケルノウ全体では、1〜15歳の16%が話者である。
- 調査対象の約64%は大学卒業以上の学歴である。
- 70%がケルノウ在住であり、30%がケルノウ以外に住んでいる。
- 65%がケルノウ出身で、35%がケルノウ以外の出身である。
- 62%が講習会などでケルノウ語を学んでいる。半数近くが自宅でテキストやテープによって学習している。15%以上がオンラインなど他の学習手段に依拠している。多くの学習者がすべての手段を利用している。学校で学んでいるのは3%のみだが、ここでも学習手段が地元の事情に即していること、正規の教育の基盤が現在不足していること、関心が寄せられるべき領域があることを反映している。
- ケルノウ語を話す(91.5%)、書く(88.2%)という回答よりも、読む(94%)という回答がわずかに多かった。
- 青年層もまたケルノウ語をもっともよく書く年齢層である。この層にはケルノウ語能力のあまり高くない、ケルノウ以外の出身の女性層が含まれているのだが、ケルノウ語をもっともよく話す年齢層であることも興味深い。
- ケルノウ語歴が5年以下であるという回答が44%あった。
- ケルノウ語を流暢に話すという回答が13%、簡単な会話ができるという回答が42%、わずかな語句を言うことができるという回答が45%あった。
- ケルノウ語が話されるのは、1週間に1度の割合がもっとも多い(34%)。16%以上がケルノウ語を毎日話しており、全回答者の約半数が最低週1回はケルノウ語を話している。

地理的分布

ケルノウ語話者はケルノウ全域に存在しており、ほとんどの主要な町にケル

ノウ語のさまざまな講習会やイヴェントが開かれる活動拠点がある。これには主に、商業、サービス、教育の中心として、さまざまな市場のあるローカル色の強い町が多いという、ケルノウ独特の人口分布が反映されている。

世代間の伝達

1970年代以降、何組かの家族がケルノウ語で子どもを育てている。親自身が学習者だったのだが、子どもたちを流暢な話者に育てるのに成功した（マッキノンによる2000年の調査では、ケルノウ語を使用しているのは12家族と推定されていた）。ケルノウ語を学習し、使用する機会が増えており、教育におけるケルノウ語の用法が更に拡大しているので、この言語復興のための主要なツールがますます進展することが期待される。

社会における使用──教室と家庭以外で

ケルノウ語の使用は非常にインフォーマルなものである。「イェース・アン・ウェリン」（Yeth an Werin, 民衆のことば）という「ちゃんとした」会合がパブで開かれるが、いずれにせよケルノウ語話者はよく集まる。話者のコミュニティが小さいので、ほとんどの話者が互いに知り合いであり、ケルノウ語話者の表現がますます標準化しつつある。ケルノウ語で行われる催しが増加していることは、そのような場所にケルノウ語話者が集まっていることを意味する。文化的な行事は、話者が集まる中心的イヴェントとしての役割を果たしている。

同様に、職場において、ケルノウ語話者がケルノウ語を用いることも考えられる。しかし他の言語と異なり、地図を見てケルノウ語地域を特定することはできないし、ケルノウ語がどのくらい使用されているのか見積もることは難しい。

教育の現状

マッキノンはケルノウ語の分布に関する2000年以降の研究で、以下のように推定した。

成人向けのケルノウ語講習会は、ケルノウ全域で36学級あり、1週間にわ

ケルノウのランウェゼネク（パッドストゥ）での「オビー・オス祭」（5月1日祭）

「ゴロワン祭」（夏至祭）ペンサンス（ケルノウ）、6月23日夜

「ゴルセズ」（ケルト文化復興運動）のパレード

聖ピラン（ケルノウの守護聖人）祭でのパレード（3月5日）

たり開催される「ゴエル・アン・イェース」（Goel an Yeth, ケルノウ語祭）や週末に行われる講習会などのイヴェントが実施された。

　ケルノウ語はケルノウの学校で教えられているが、その数は少なく、参加しているのは比較的少数の児童である。現在は、主に教育課程外で昼食時や放課後の授業形態や、クラブ活動として教えられている。

　2010年1月に、ケルノウ語で教える最初の幼児学校「モヴィアンス・スコリウ・メイスリン」（Movyans Skoliow Meythrin, 幼児教育運動）がカンブロン（カンボーン）に開校し、既にケルノウの他の場所で同様の学校が開かれている。

　「ゴルセズ」（ケルト文化復興運動で、ケルノウ語で詩歌創作を行う団体）は

3　ケルノウ語復興の現状／ダヴィス・ヒックス　　85

何千人もが参加し、半日間ケルノウ語で祭礼が催される。教会の礼拝がケルノウ語で行われる場合もある。

メディアにおけるケルノウ語の使用は増加している。BBCは週1回ケルノウ語のニュースを放送し、「ラジオ・アン・ゲルニューウェグヴァ」(Radyo an Gernewegva、ケルノウ語圏ラジオ、2007年に誕生したポッドキャストによるラジオ放送局) は多彩なウェブサイトの開設と共に、ケルノウ語を使用するラジオ局として機能しはじめている。ケルノウ語で制作された映画が数本あり、ケルノウ語の書籍の出版は好調を維持している。足りない部分はあるが、新しい科学技術によって、従来以上にケルノウ語のテレビ・ラジオ番組を提供しやすくなっている。

2011年、政府の支援、インフラの整備、コーパス計画の進展によって、ケルノウ語は更に前進しつつある。

IV.　ケルノウ語の言語計画

欧州地域語少数言語憲章の承認以来、ケルノウ語協調会が運動を進めるのを妨げる主な障壁の一つは、4つの異なる綴り字の形式があることだと考えられていた。非常に長期にわたる討議を経て、現在標準規範として用いられている「標準書きことば」を採用するという合意に達した。その他の綴字法は同時に使用されつづけるが、これまでの進展を点検して、見直しが2012年に予定されている。「標準書きことば」は現在、署名や文書に使われる基準として定着しつつある。

ケルノウ語のための戦略

ケルノウ語協調会がまとめた現在の言語戦略は、話者による議論を経て合意に至った、さまざまな「ヴィジョン」から構成されている。

ヴィジョン1：ケルノウ語を学びたいすべての者に、あらゆるレベルの教育を受ける機会が提供される。
ヴィジョン2：ケルノウ語学習は、他の言語学習と同様に尊重される。

ヴィジョン3：ケルノウ語は市民生活において、ケルノウ独自の文化遺産の貴重な眼に見える一部として認識される。
　ヴィジョン4：ケルノウ語は、ケルノウの経済に積極的に貢献するものとして認識される。
　ヴィジョン5：ケルノウ語は、英国のほかの地域語少数言語と共にその地位が強化されるような配慮を享受する。
　ヴィジョン6：ケルノウ語には、機能するための確立された手段が備わっている。それには、ヴィジョン1から5を実現できるようにするための、要求にふさわしいインフラを強く支えることも含まれる。

　戦略はそれ自体が目標となることを意図したものではなく、毎年見直され、目標の進展と文化的な状況の変化を反映させるために、更新されるべく作成されたものである。構想と目標は意欲に満ちており、これらがすばやく実施されるには、地元の協力が求められるが、早急な実施はむずかしいかもしれない。欧州地域語少数言語憲章のもとにおけるケルノウ語の認識と、この憲章を実現しつつあるケルノウ語協調会は、今後の枠組みを設定した。現在すべきことは、構想を実現するために連携し、そのためにプロジェクトを立ち上げることである。これには、公共団体等からの積極的な支援と参画が必要であり、それは他の少数言語の経験から明らかである。対策の実施には、財政的な面だけではなく、更に重要なことは、このために時間を割いて行動をおこすためのモチベーションだろう。

近年の進展

1. ケルノウ語の幼児学校「モヴィアンス・スコリウ・メイスリン」
　前述したように、これは2009年に創設され、大きな関心を集めてきた。運営は好調で、子どもを幼児学校に行かせていて、別の学校でケルノウ語を習っている親を引き込み、ケルノウ語による幼児学校の考えを更に発展させた。この設立によって、ケルノウ語の活動は大変重要な一歩を踏み出すことになり、既にケルノウ全域で同様の学校が計画されつつある。

2. ケルノウ語は英国の国定教育課程――英国の言語教育の一部――に含まれており、ケンブリッジ検定委員会でも検討の対象となっている。

3. 2010年のクリスマスの直前に、ユネスコがケルノウ語を絶滅言語として認めず、深刻に危機に瀕した言語として認定することが通知された。大半の運動家は深刻に危機に瀕していることを歓迎したくはないが、ケルノウ語の場合はこのことが改善へつながるものとして、また皮肉なことに祝うべきものとして重要であった。

4. ケルノウ語協調会のウェブサイトには進行中のプロジェクトが列挙されている。たとえば、ガールガイドやボーイスカウトにケルノウ語の宣誓のしかたを教えたり、ラグビーチーム「コーニッシュ・パイレーツ」の若いサポーターたちのための、バイリンガル・クラブ「バガス・ベンボウ」（Bagas Benbow, ベンボウのギャングたち）の取り組みなどである。ケルノウ委員会の政治家たちのためのケルノウ語教室が設けられ、昼食時に講義が行われている。ケルノウ語で催されるハイキングトレイルの計画は近々実現する。

5. 新しい科学技術は、オンラインのラジオ局「ラジオ・アン・ゲルニューウェグヴァ」の開設のような革新的事業に活用されている。このサイトではオンラインでケルノウ語のゲームをしたり、ケルノウ語の映画のテレビ番組版、ケルノウ語のニュース、音楽を視聴したりすることができる。

V. 将来に向けての展望

　ヨーロッパの少数言語との交流のなかで、復興に取り組んでいる多くの言語運動家たちと出会ってきた。そこで得た一つの教訓は、「すべてのケースにあてはまる」方法はないということである。言語、文化、人が異なれば、言語復興の方法も異なる。ケルノウ語の活動に携わっている人々は、カムリー語やゲール語の復興運動と自分たちの活動をよく比較するが、これらの言語と状況が異なっていることを考えなければ、よい結果はもたらされない。しかし、ケルノウ語の復興は、他の少数言語の経験からたいへん多くのことを学んできた。たとえばマニン語の状況との比較は得るところが多く、ケルノウ語は、マニン語がマニン語による幼児学校で収めた成功を模範にしようと努力している。

　ケルノウ語の取り組みは、他の少数言語の経験や模範的な実践から学ぶ一方で、政策決定と世論形成は、さまざまな討論会や報告を通して、ケルノウの地元の町村で行ってきたために賛同を得てきた。ケルノウ語の言語運動が三つに

分裂してしまったことは、20年間、新しくケルノウ語を学びたいという学習者や若年層にとって、ダメージとなっていた。どの綴字法を学習すべきかはっきりしなかったからである。

しかし、2011年、ケルノウ語がインフラの整備と将来に向けての堅実な取り組みを得られるようになったために、状況が変化してきた。これにより、以下のような結果がもたらされた。

- 欧州地域語少数言語憲章に関して、英国政府の積極的且つ重要な取り組みが見られるようになった。
- それに引き続き、英国政府から憲章で規定された措置と共に、振興への財政支援が得られるようになった。
- ケルノウ語協調会による言語復興の取り組みが専門化された。
- 「標準書きことば」が確立された。
- とりわけ20世紀におけるケルノウ語話者の意欲と決意が高まった。

ケルノウ語の復興で特筆すべき点は、他の少数言語の復興のための模範となっている点である。世界の言語が危機に瀕している時代に、ケルノウ語とマニン語は、自分の言語が脅威にさらされているすべての人々に対して、有望なメッセージを発信している。更に、アルバ（スコットランド）のゲールタハク（ハイランド）地方におけるゲール語やシール・ヴァヌイ（モンマスシャー）のカムリー語のように、地域的少数言語が基盤を失ったところにおいて、そして20〜30年の間に言語が使用されなくなっているどの地域においても、ケルノウ語の復興が最善を尽くして実践され、進展しつづけているということは勇気を与えるだろう。

言語計画とその展望

1. 若年層の話者の不足—イマージョン教育

若年層の話者の不足への取り組みは、子どもや青少年向けの効果的なイマージョン教育課程を開設することで、新たに流暢に話せる話者を増やすよう対処することになる。

2. 言語教育の基盤の確立

「標準書きことば」の確立に多大な努力が費やされてきたが、次の段階としては、ケルノウの教育課程にケルノウ語が組み込まれるようにしなければならない。教師の育成、就学前教育・初等教育・中等教育、教材などから着手して、全体の基盤を確立する必要がある。既に創設された「モヴィアンス・スコリウ・メイスリン」は、意欲と必要な人数が揃えば、マニン語の場合と同様に、ケルノウ語で教える小学校の創設へとつながるだろう。

3. ケルノウにおける「イルズ」（少年団）―親子のためのサマーキャンプ

　「イルズ」（Urdd）はカムリーにおいて、子どものカムリー語学習と、カムリー語を使って楽しむ機会を提供するのに大きな成功を収めている。これを模範にしたケルノウ版が、ケルノウの親子にも提供されている。この構想はゲール語版の「イルズ」とアメリカのサマーキャンプにヒントを得たものである。

4. 社会的地位
   - 欧州地域語少数言語憲章第 3 部への到達を目指す取り組み。
   - ケルノウ語言語法の制定。
   - ケルノウ行政府が言語政策の作成とその実現を統括することを確実にするケルノウ自治の獲得。

5. ケルノウのアイデンティティの中心的な要素として、ケルノウ語の奨励を主張する。

6. 英国の国勢調査における、アイデンティティと言語に関する質問は大きな前進の一歩となり、政策策定と実現のために必要な前提条件をもたらすだろう。

7. 言語の使われ方、言語能力、言語態度、話者・使用者・学習者の特徴について、更に調査が進められなければならない。効果的な政策に見合うデータが必要である。

8. 復興に向けた努力は、フィッシュマン（Joshua Fishman）の「世代間の意思疎通が段階的に断絶していく度合いを計る尺度」（Graded Intergenerational Disruption Scale）の理論に基づいて、段階ごとに基準を満たしていくべきである[3]。更に、ケルノウ語が欧州地域語少数言語憲章第 3 部の規定に適合しているかどうか、確実に肯定できるように、あらゆる言語領域における改善を評価して、定期的な調査が求められる。

9. 英国のメディアは、ケルト諸語に対して否定的であることで知られている。消極的なメディアの姿勢を改善し、よいイメージを作り出すことが不可欠

である。

　10.　ケルノウ語を標準化するために、ケルノウ語を話す居住区が必要なので、ケルノウ住宅連盟などが活動している。カムリーのカムリー語常用地域やアイルランドのゲールタハトのように、「ケルニューウェグヴァ」（ケルノウ語圏）というネットワークや、休日に泊まり込みで参加する催し「イェース・アン・ウェリン」（民衆言語）などの活動が進められている。

　11.　欧州評議会による新しい報告では、少数言語がその地域の経済的文化的発展にとって価値があるとされている。少数言語には、顧みられることの少ない大きな潜在能力がある。この潜在能力が利用されれば、文化的経済的な活動を促進させ、その地域・国の繁栄に大きく貢献できる。ケルノウとケルノウの人々は、自らの言語を奨励し、発展させることで多くのものを得るはずである。

　12.　マッキノンは報告のなかで以下のように述べている。「ケルノウ語は過去の言語ではなく、現代の、そして未来の言語であり、ケルノウの人々のアイデンティティと、ケルノウをケルノウ独自のものにしている中核となる存在である。更にケルノウ語は、ケルノウの人々に、独自性の意識とアイデンティティをもたらしている」。話者数が増え、標準化されれば、ケルノウ語は象徴を超えたものとなるだろう。そしてケルノウ人の真のコミュニケーションの手段となり、母語となるだろう。

注

1　Mackinnon, K. "Cornish at its millenium: An independent study of the language undertaken in 2000," in: Payton, P. (ed.), *Cornish Studies* 10, University of Exeter Press, 2002, pp. 266-282.
2　*A Report on The Cornish Language Survey*, conducted by The Cornish Language Partnership, July 2008.
3　本書原聖概説参照。

ケルト諸語文化の復興　4

エーレにおける
ゲール語文化復興の現状

ネッサ・ニヒネーデ
[Neasa Ní Chinnéide]　　　　　　　　　　　　　　　　（平島直一郎訳）

はじめに

　2011年5月、英国のエリザベス女王がエーレ（アイルランド）を初めて訪問したとき、エーレ共和国大統領メアリー・マッカリースは、エリザベス2世にゲール（アイルランド）語の発音の仕方を教えた。そして女王はかつてのエーレにおける英国統治の中心地だった、ブラクリア（ダブリン）城で本当にゲール語をわずかながら話した。これは、ゲール語がエーレの多くの地域社会にとってまだ生きた言語であり、私たちがこれからいろいろな形で復興を進める際に目標を立てる、大きなきっかけとなった。ゲール語は数世紀に渡って、ブリテン島の対岸に当たる東海岸から使用されなくなり、持続的に減少して、地域社会の言語としては、西部や南部の孤立した場所においてのみ、存続している状況になってしまった。人々が市場経済に浴して働くには英語が必要だという現実があり、これによってバイリンガリズムの必要が生じたが、とくにエーレを離れる場合には、ほとんど英語だけで生計を立てなければならなくなった、あるいは本来の生業であった農業や漁業とは関係ない職業に就いた、多数の移民たちの場合がこれに当てはまる。この間長年にわたり、エーレ言語協会（Institúid Teangeólaíochta Éireann）や他の研究機関によって調査され、この状況に関する数多くの研究分析が進められてきた。

これまでの復興政策

新しいゲール語のための戦略が策定されてから、ほぼ20年が過ぎた。もし現在の衰退状況に対策を打たないならば、日常語としてのゲール語はあと15年から20年しか残らないと推論されている。この研究の報告によれば、家庭で使用される言語として話し続けられる限り、存続が可能になる。しかも、そのためには、地域社会全体で、家庭で使用される言語でなければならない、と研究者たちは警告する。都会でゲール語を使用している、あるいは二言語使用の家庭はたくさんあるし、特にその子どもたちはゲール語で教育する学校に通っているが、しかし、英語の大海原のなかの孤島のような家庭であるに過ぎず、地域社会で使用できる規模ではない。

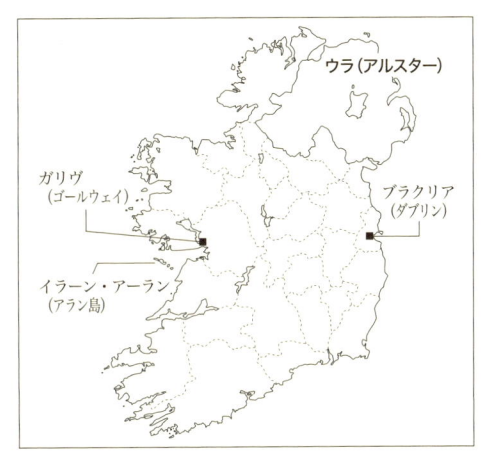

エーレにおけるゲール語の状況は、1845年に人口800万人だった大飢饉が発生する前の時点が最大で、以降衰退を続けた。大飢饉以降半世紀の間にエーレの人口は半減し、およそ400万人となったが、死亡した人、あるいは海外移住した人のほとんどはゲール語話者だった。エーレ共和国が独立してから10年近くを経た1927年に、言語状況を的確に把握するための試みとして、「ゲールタハト」(Gaeltacht) と「ブリョーク・ゲールタハト」(Breac Ghaeltacht)、つまり、ゲール語使用地域と準ゲール語使用地域という言葉が初めて使用された。ゲール語を日常言語とする地域が西部沿岸部の各地において、まずまずの強さと広がりを持っていた (図1)。続く数十年の間、経済は荒廃し、大量の人口流出が続いた。1996年には、主要なゲール語使用地域は大きく縮小して各地域のつながりは弱まり、社会的な言語の土台が全体的に衰えた。1970年代、これらのゲール語使用地域において、ゲール語が主要言語のところは30パーセントだけであり、これらの地域社会の25パーセントは英語が優勢で、英語を主に使用する傾向にある二言語地域は45パーセントだった。

図1 ゲールタハト

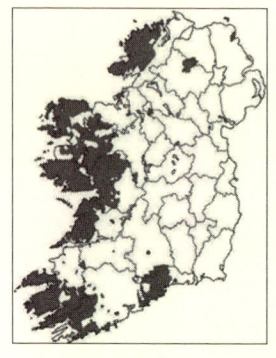

1927年 1996年

ゲールタハトの現状

　今や、ゲール語使用が減少するのを止めるための、長期的な視野に立った戦略が必要であるのは明らかである。そして、それは現地の実際的な状況の調査を踏まえたものでなければならない。現地に近いガリヴ（ゴールウェイ）大学のゲール語協会「フィンタル」（Fiontar, 冒険）が、ブラクリア（ダブリン）市立大学にある社会言語学専門チームの依頼に応じて、言語調査を実施することに決まった。ゲール語使用地域の包括的な言語調査は、ゲールタハトと認められる152の地区で行われた。これらはABCの3つのカテゴリーに分けられた（図2）。子どもたちの言語能力に応じた財政的な援助によって、それぞれに適した言語習得がなされるように、日常の使用について査定された。その結果は憂慮すべきものだった。この時点まで、ゲール語の存続は、主に学校やゲール語を使う地域社会自身の手に委ねられてきた。これらの地域社会は町からかなり離れている。ゲールタハト地域の観光や人口移入の重要性に関する、地域行政レベルを超えた基盤整備については、あまり注意が払われていなかった。

　ガリヴ・ゲールタハト地域では、20世紀前半には全域でゲール語が話されていたとされる。今では黒色の地域でゲール語は話されていない。カテゴリーAはゲール語が地域社会の言語である地域で、カテゴリーBとCはゲール語

図2 地域社会の一例 ガリヴ・ゲールタハト地域

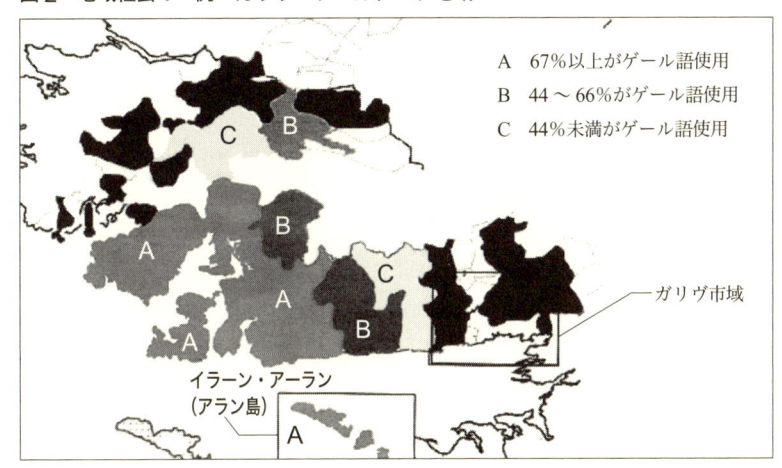

A 67％以上がゲール語使用
B 44〜66％がゲール語使用
C 44％未満がゲール語使用

ガリヴ市域

イラーン・アーラン
(アラン島)

註：言語統計はすべてゲール語包括調査による Comprehensive Survey of the Irish Language

を話す家族を中心として、ゲール語がネットワークを形成している地域である。多くの話者は年配者だ。地図の右側の四角で囲んだ地域が、中心都市ガリヴであり、ここに黒いエリアが生じた要因に、ガリヴの都市としての発展が挙げられる。主に商業の町であり、観光の中継地、大学町であったのが、生産加工業の基地へと発展した。この産業的な成功によって生じた大きな変化の一つが、町の西側のもっとも風光明媚な地域に住宅を建てることが流行したことだ。海岸一帯にある、有名な藁ぶきの家並みが、次第にモダンな大きな家になり、そして英語に取り囲まれていった。地図の上方の黒いエリアではただ単に人口が減少したばかりでなく、かつてそこに住んでいたゲール語話者も減少した。カテゴリーAの定義は、日常的にゲール語を使用している3歳以上の人々が、67パーセント以上を占めるゲール語使用地域である。これが決定的な分岐点であることが証明された。ゲール語を日常的に使用する人の数がこれを下回った時、言語能力は突然低下する。カテゴリーBは、この地域の人々が44から66パーセントの間でゲール語を話していることを表す。ここでは、問題の兆候が多数現れている。学齢期の児童のほうが大人よりもゲール語を話しているようだ。このことはゲール語使用が減少しており、学校が主にゲール語の話される場所となっていることを意味する。また、ゲール語を使用する年配者の数が著しく多いこともある。このことは、ゲール語が支配的なのは地域社会

ゲールタハトのディングル半島の家並み　　ゲール語英語バイリンガルの道路標示
（ゲール語看板 an droichead beag,
「小さな橋」）

の全領域というよりも、むしろ一部のネットワークであるということを意味している。

　教育機関が、ゲール語話者のあるべき姿と現実の態度の溝を埋めるために、非常に重要であることは明らかだ。しかし、カテゴリーAにおいてさえ、子どもたちの60パーセントだけが、ほとんどの場合、自分の仲間たちや家庭のネットワークや隣人たちとゲール語を使用する。地域社会の言語そして教育の言語として保護され、支援される必要がある。カテゴリーBとCは既存のネットワークやさまざまな機関で保護され、サポートされる必要がある。また、若者たちの間でゲール語使用を促す支援が必要である。

望まれる言語政策

　適切な言語復興計画の実行にふさわしい基準、あるいは活動は何だろうか？カテゴリーAについて提案された言語政策は次のようなものである。

　　―ゲール語が第一言語の子どもたちが享受出来る、適切な学校のカリキュラム
　　―ゲール語が出来ない、あるいは多少出来る子どもたちのための適切な言語習得計画

―就学前や言語に関するアドバイスなど、親への支援
―ゲール語を使用する青少年クラブや、ゲール語による教会の礼拝など
―さまざまな地域委員会
―ゲール語使用を促す企業や組織の積極的な関与
―ゲール語使用者の実状にあった雇用政策
―職場が変わる場合のゲール語の保護

　カテゴリーBとCには、積極的な言語ネットーワークへの支援が必要である。

―ゲール語による教育と青少年クラブ
―各種振興政策
―ゲール語による礼拝
―ゲール語使用地域社会を保護するために、最大限に適用されるべき計画振興法。そしてもっとも重要であるのは、おそらく、ゲールタハトのための所轄局や言語当局にまで及ぶ、教育省のゲール語専門部門によって、中核事業として導入される、教育システムの整備である。

ゲール語復興に関する主要な国家機関
　―ゲール語監督局が2005年に設立された。大統領によって任命される監督官が、公共部門においてゲール語復興政策を援助する対策を立案し、実行するための法的根拠の一部として、その履行を監督するための幅広い権限を持っている。これらの権限には、ゲール語を振興するための言語政策立案や、公共生活や他の言語領域においてゲール語を「主流にすること、つまり、社会の中心におくこと」、不履行に対して制裁措置を取る権限などが含まれている。
　―地方、共同体およびゲールタハト担当省は、ゲールタハトにおける文化、社会、経済、インフラ、教育面における援助、および生活言語としてのゲール語使用の保護と振興の奨励を所轄している。
　―1999年に設立された「フォーラス・ナ・ゲールゲ」（Foras na Gaeilge, ゲール語評議会）は、エーレ共和国と（連合王国に属する）北エーレの二つの管轄地域において、ゲール語を管轄する部門を結び付けた組織で

ある。グッドフライデイ（聖金曜日）協定によって、両管轄地域に事務所が設けられ、ブラクリア（ダブリン）に本部が置かれている。「フォーラス・ナ・ゲールゲ」は、英愛両政府と、公共団体や民間団体、ボランティア団体に対して、また同様に、言語などに関する調査の実施、宣伝活動、辞書の出版、ゲール語教育について、勧告・助言する。

―教育科学省は、第一に教育に対して責任を負うが、その他に管轄するもののなかでも、公用言語法（2003年）に基づいてゲール語教育政策を実施する責任を負っている。ゲール語教育の方針や教材を準備するための特別な部署があり、「ゲールタハトならびにゲール語学校教育評議会」（An Chomhairle um Oideachas Gaeltachta & Gaelscolaíochta、ゲール語による教育の諮問機関）によって作成された、ごく最近のきわめて重要な調査報告によれば、カテゴリーAに入る母語話者やゲール語学習者である、すべての生徒に最善の教育を施し、さらに強化するために、ゲールタハトのゲール語による教育の管理団体や教師たちに対する、継続的な専門家会議が必要であると提言されている。強力なカテゴリーAグループなしでは、言語復興の道は危うくなる。他のグループ、カテゴリーBとCには特別な対策が推奨される。この対策に必要なことは、言語的基盤の脆弱さに対して注意を払うことである。

―ゲール語とゲールタハト担当局は、公認されたゲール語使用地域のための言語計画や援助に関して責任を負っている。ゲールタハトを担当する大臣の省庁から支援を受ける。

大きな挑戦になるが、目標ははっきり定められている。安定した進歩的な国において安定した言語となり、今後20年の間にゲール語話者の数を25万人まで到達させることである。エーレ島全体で、西海岸の伝統的な地域でも、都会のなかのネットワークにおいても増やしていく必要がある。それは古い言語にとって新たな始まりである。これは人々の参加と意欲にかかっているが、展望は開けている。

ケルト諸語文化の復興　　5

アルバ・ゲール語の復興

ロバート・ダンバー
[Robert DUNBAR]

（岩瀬ひさみ訳）

I　言語と歴史

　アルバ（スコットランド）・ゲール語はQケルト語であり、エーレ（アイルランド）・ゲール語とマニン・ゲール語とに密接な関係がある。一般に受容されている説によれば、アルバ・ゲール語は、4世紀の終わり頃に、ヒベルニア（アイルランド）の北東部からの移住者によって、ブリテン島北部にもたらされた。特に、ダールリアダという小さなゲールの王国の拡大によるところが大きく、この王国は500年までに、現在のアーガイル州の大きな部分を占めていた。ローマ人は、ゲール語を話すヒベルニア人を「スコット人」と呼んだ。したがって、「スコットランド」という名前はこのラテン語の名前に由来する。ゲール語では、この国は「アルバ」（ないしアラバ）と呼ばれる。
　この時代、アルバは、さまざまな民族と言語が複雑にからみあった状態にあった。クライド峡谷とフォース峡谷の北の、広大な地域の残りの大部分にはピクト人が住んでいた。ピクト人の存在の証拠としては、地名や印象的な石造りの遺跡があり、どちらもアルバの北東地方にもっとも集中して残っている。ピクト人はおそらくPケルト語を話していた。アルバの中央ローランド地方と南西地方には、西中央ローランド地方を中心としたストラスクライド王国と、ロージアン地方を中心としたゴドディンなどのブリトン人の王国があっ

た。これらの人々もまた、だいたい古カムリー（ウェールズ）語に属すると考えられるPケルト語を話していた。6世紀までに、アングル人が北東イングランドから南東アルバへと北上してきて、ゲルマン系の言語をもたらし、その言語がやがて今日のスコッツ語となった。アングル人の軍事的な成功は、カムリー語でのもっとも古く、もっとも重要な叙事詩の一つである、詩人アネイリンの「ア・ゴドジン」に記録されている。

アルバ（スコットランド）

地図ラベル：シェトランド諸島／オークニー諸島／リョーイス・アガス・ヘレグ（ルイス・ハリス島）／インセ・ガル（ヘブリディーズ諸島）／ゲールタハク（ハイランド）／イニールニシュ（インバネス）／アン・テリャン・スギアナハ（スカイ島）／ガルダハク（ローランド）／デュンエーデン（エジンバラ）／グラサフ（グラスゴー）

　ゲール語の影響は着々と広がった。843年頃、アルバ王国、スコッツ人の王国の神話的創始者であり、続くすべてのアルバの君主たちの祖であるとみなされているキネート・マック・アルピーン（Cináed Mac Ailpín、ケネス1世、858年没）の元でゲール人とピクト人の統合がなされると、ゲール語は事実上ピクト語にとって代わった。ゲール人たちは、南へも領土を広げていき、1034年までには、ゲール王国アルバは、現代のアルバの南の境界まで拡大した。中南部アルバの広大な地域にわたってゲール語の地名が見られるのは、南部への政治的拡大と言語的拡大を示唆している。ゲール語はおそらく11世紀までには古カムリー語にとって代わっていた。ゲール語は、アルバの南東部と、ノース（北方）人が支配的であった最北東部のケイスネス東部、オークニー諸島、シェトランド諸島をのぞき、全域で支配的な言語だった。

　しかし、ゲール語は言語的支配をそれほど長く保ち続けることはできなかった。王ムィールコルム（マルカム）3世が、イングランドの最後のアングロサクソンの王の娘であるマーガレットと結婚した、1070年頃から12世紀中頃までの間に、ノルマン・フランス語が、ゲール語に代わり、アルバの宮廷で使われるようになった。アルバの首都はデュンエーデン（エジンバラ）に移され

た。デュンエーデンはそれまでごくわずかしかゲール語化されていなかったので、この頃には「イングリス」と呼ばれる英語が支配的だった。イングリスは、名前のとおり、英語の方言ともいえる言語である。これは、アルバのローランド地方全体の支配言語となったスコッツ語の初期の形態である。12世紀から、イングリスの拡大は、商業促進のために主にローランド地方と北東部に作られた街である、数多くの「ロイヤル・バラ（王許都市）」の創設によって助長された。この頃、地理的な「ゲールタハク（ハイランド）ライン」とほぼ対応する地域である、アルバ北西部への、ゲール語の長い退却が始まった。アルバのゲールタハク（ゲール語圏）地方のゲール語と、ローランド地方の「イングリス」語との言語的、文化的な違いに対する意識が出てきたのもこの頃、特に14世紀末頃からだった。この時代から、ローランドのスコッツ語話者たち、そして、1603年にイングランドとアルバの王位の連合が成立し、1707年に議会が統合され、英語がスコッツ語にとって代わってからは、英語話者たちは、ゲール語とゲール語を話す人々を野蛮とみなすようになった。

　またこの時代、アルバ政府のゲール語に対する政策が概して敵対的になってきた。これは部分的には政治的背景によるものだ。19世紀に蒸気船や列車などの新しい交通手段が現れるまで、ゲール人が住むゲール語圏地方は物理的に僻地であったので、ゲール語圏の伝統的氏族はアルバ政府のなかでかなりの自立性を保っていた。政府は、その政治的統制力を大きくするために、より大規模な統合を常に推進した。その方法の一つが、ゲール語圏地方を英語化する試みだった。このため、1494年から96年の教育法は、ゲール語圏地方の領主や伝統的氏族の族長たちに、その子どもたちをローランド地方に送り、そこで教育を受けさせるよう要求した。1609年制定の「アイオナ法」にも同様の要求が含まれていた。これは、アルバ王ジェイムズ6世（イングランド王ジェイムズ1世）が制定した、ゲール語地域である西ゲール語圏地方の重要な伝統的氏族の族長たちに、強制的に課された一連の法律である。そしてこの法はまたゲール人の他の文化的習慣の範囲を狭めようとした。

　しかし、17世紀末から18世紀全般にわたり、ゲール語圏を統合する必要性がより強く主張されるようになった。ゲール語を使用するゲール語圏の多くの地方と、マクドナルド家をはじめとするもっとも重要な氏族の多くが、ジャコバイト主義を強力に支持した。ジャコバイトたちはステュアート家の王たちに忠誠を誓ったが、その最後の王であり、ローマカトリックのアルバ王ジェイム

ズ7世(イングランド王ジェイムズ2世)は、1689年に、プロテスタントのオレンジ公ウィリアムと女王メアリーによって退位させられた。そのときから1746年まで、プロテスタントの英国君主に抗って、3度のジャコバイトの反乱が起きた。どの反乱においてもゲール語圏のサポートはきわめて重要なものだった。1746年4月、イニールニシュ(インバネス)近くのカロデンでの戦いで、チャールズ・エドワード・スチュワート、通称「うるわしのチャーリー王子」率いるジャコバイトが最終的に敗北すると、英国政府はゲール語圏の氏族の力を砕き、ゲール人のアルバを断固として統合しようとした。

　この時点から、いくつかの力が、アルバにおけるゲール人の言語と文化を徐々に破壊していった。ジャコバイト主義が死に絶え、古くからのゲール人の文化的秩序が破壊されたことを悟ったゲール語圏の氏族長たちのほとんどが徹底的に英語化し、自分たちの土地を金儲けのために再編成しようとした。18世紀後半に氏族長たちが地代の値上げを要求したため、多くのゲール人たち、特に、比較的裕福な小作人たちが移民しはじめた。1773年に、サミュエル・ジョンソンとジェイムズ・ボズウェルは、その有名なゲール語圏地方の旅の記録のなかで、北アメリカ移民の大規模化についてふれている。この移民の増加は、18世紀末までは大規模な牧羊地を確保するため、そして19世紀には、裕福な狩猟家たちのための狩猟場経営を目的とした土地確保のため、地主たちが小作人を追立てたことによってさらに助長された。この結果、「ハイランド・クリアランス」(ゲール語圏の空洞化)として知られるこの時期に、何千人ものゲール人たちが、多くはカナダへ、そして合衆国、オーストラリア、ニュージーランドへと移住した。すべての地方の、特に本島のゲール語圏地方の人口が激減した。

　先に述べたように、交通と通信の新しい技術の出現によって、ゲール語圏とブリテン島の他の地方との相互作用が格段に増大した。しかしこれによって、ゲール語話者の生活のなかで英語がより大きな存在となり、英語を習得する必要性が増大した。1872年に公的教育が導入されたとき、ゲール語は教科にはなく、ほぼ20世紀を通じて、ゲール語教育は言語の授業に限られ、そのほとんどが中等学校レベルで、ゲール語圏内でのものだった。近代以降の行政は全般に英語のみで実施された。ラジオ、後にテレビは、ゲール語圏においてさえ、大部分は英語を媒介としたものだった。人々の流出は、1880年代に小作人を保護する法令が導入されて事実上終結したが、全域が農村地帯であるゲール語

圏の経済的停滞のため、人口は確実に減少していった。英語は、社会的地位を意味するだけでなく、雇用機会獲得を意味する言語だった。

II　文学と文化

　これらのさまざまな力を考慮に入れると、ゲール語が、話者数とその割合において、極めて急激に減少していったことは驚くにあたらない。16世紀にゲール語は、アルバ人口のおよそ半数によって使用されていた。1891年度国勢調査までに、ゲール語の話者は人口の7％以下、約25万人になった。2001年度国勢調査によると、話者数は5万8,600人強で、人口の1.2％にまで減少した。ただし、いくらかゲール語を使える、つまり、読む、書く、話す、理解するなどの能力をもつ人は約9万2,400人いる。次節で、今日のゲール語の人口統計的、社会言語学的状況をさらに詳述し、ゲール語の維持、復興をサポートするために過去35年間ほどで導入されてきた、いくつかの対策について検討する。その前に、ゲール語そのものと、ゲール語に関連する文学と文化について、書いておきたい。

　密接に関連しているとはいえ、アルバ・ゲール語とエーレ・ゲール語は、相当な知識がない限り相互理解はできない。写本に基づき検証すると、二つの言語は12世紀までにすでに分かれはじめていた。この頃から17世紀まで、ゲール人のアルバとヒベルニア（アイルランド）は古典ゲール語という共通の文語と、密接な文化的関連を持っていた。ゲール人の知識階級と貴族のために発展した文学が、古典ゲール語で数多く残っている。賞賛詩は特に有名で、そのいくつかは、アルバ在住の詩人によって、地元の主題について作られたものである。古くからのゲール人社会の秩序が、17世紀初頭にはエーレ（アイルランド）で、18世紀にはアルバで崩壊したのにともない、ゲール人のアルバでは、固有言語であるアルバ・ゲール語のみが、言語として伝達を行うための唯一の媒体となった。

　ゲール語文学の伝統について詳しく述べることはできない。しかし、ゲール語文学は、口承を中心としており、ヨーロッパのなかでももっとも豊かな口頭伝承の一つであり、歌謡や詩――これらは12世紀まではっきり区別されていなかった――民話、口伝の歴史、系譜、民間信仰や他の伝承、ことわざ、

まじない、唱えことばなどを含む。写本や出版されたコレクションやアンソロジーに加え、これら口承の、たくさんの資料が、1951年にデュンエーデン（エジンバラ）大学で創立されたアルバ（スコットランド）文化研究所によって収集されてきた。研究所の膨大な量の音声資料は、他の二つの、つまり民俗学者ジョン・ロルン・キャンベルとBBCの重要な収集とともに、「トパル・アン・ドゥアルハシュ」(Tobar an Dualchais) すなわち「伝統の泉」プロジェクトのおかげで、デジタル化されている。これらは、2010年12月からウェブ上でアクセス可能になった。アルバ固有の重要な歌のジャンルとしては、伝統的な「オラン・ルーイ」(Òrain Luaidh, ウォーキングソング、縮絨作業の歌)がある。これらの歌は、伝統的に女性の仕事であるツイード布を製作する際の労働歌であり、主に無名の女性詩人によって作られた。また、アルバの民話の際立った特徴としては、数多くの族（クラン）伝承があげられる。

ゲール語そのものについては、他のケルト語と同様に、中世初期のキリスト教伝来に伴い、多くのラテン語からの借用語、特に教会関係の事物に関する語彙ができた。8世紀末のヴァイキングの到来から12世紀頃まで、ゲール語圏北部の一部とインセ・ガル（ヘブリディーズ）諸島の大部分は、事実上ノース人に支配されていたので、この影響が言語的遺産として残った。それがもっとも明らかなのは、インセ・ガル諸島に数多く残るノース語起源の地名である。ノース語からの借用語もたくさんある。エーレ・ゲール語にないアルバ・ゲール語の特徴である、プレアスピレーション（前有気音化）も、ノース語の影響によるものと考えられている。既に指摘した「オラン・ルーイ」も、いくらかノース文化の影響があるかもしれない。最後に、英語は言語的特徴すべてにわたって重大なインパクトを与えるようになった。もっとも顕著なのは、たくさんの借用語、翻訳借用と、現在、浸透しているコード切り替えである。

III　社会言語学的現状

ゲール語の現状に話を戻すと、ゲール語は確かに、ヨーロッパの固有言語のなかでもより危機に瀕した言語であり、数多くの課題をかかえている。第一の課題は、話者数の継続的、全体的な減少である。最新の国勢調査は2011年3月に行われたが、話者数は2001年の約5万8,600人からさらに減少している

はずである。これは、一部はゲール語話者人口の年齢構成にもよる。2001年にはゲール語話者の半数強が45歳以上であり、約4分の1が65歳以上だった。

ほとんどの社会言語学者が、ゲール語のような少数言語では、その言語の存続力の鍵となる指標は、親たちがその言語を次の世代へと伝える度合い、つまり「世代間伝達」率だと考える。2001年度国勢調査が示したものは、驚くほど低い世代間伝達率だった。両親が二人ともゲール語を話す家族では、70%弱の子どもたちがゲール語を話していた。ゲール語に関してはもっとも多いタイプの家族構成である、片方の親のみがゲール語を話す家族では、約20%の子供たちだけがゲール語を話していた。ゲール語を話す一人親家族では、3分の1強の子どもたちがゲール語を話していた。これらの世代間伝達率は低く、例えば、カムリー語の世代間伝達率と比較して非常に低いものといえる。

もう一つの課題は、ゲール語がまだ広く話されているコミュニティである、いわゆる「心臓部」でのゲール語使用が急速に弱まっている状況である。なによりも、これらの地域自体が縮まっている。2001年、ゲール語は外インセ・ガル（ヘブリディーズ）諸島とアン・テリャン・スギアナハ（スカイ島）の北端部でのみ、人口の大多数によって話されていた。外インセ・ガル諸島では、人口全体が減少しており、ゲール語話者数はその減少分の影響を受けている。1991年には、島嶼地方に2万3,500人のゲール語話者がいて、人口全体の約4分の3をなしていた。2001年までに、ゲール語話者は約1万5,800人に減少し、人口の60％弱になった。少なくとも人口の4分の3がゲール語話者であるアルバの地域は、これら島嶼地方内にあるが、これらの地域には約3,500人のゲール語話者しか住んでいない。世代間伝達は崩壊しつつあるようだ。2001年には、島の若い世代のゲール語話者は半数弱で、学齢以下では約4分の1にすぎなかった。島では日常生活の多くの面で英語が支配的言語であり、ゲール語を日常的に目にする機会はたいへん少ない。

スコッツ語圏（ローランド）に住むゲール語話者の割合は増えてきている。2001年には、アルバの5万8,600人のゲール語話者のおよそ45％がスコッツ語圏に住み、2011年の国勢調査では50％を越すと見られている。これは政策立案者の課題となっている。一方では、すべての振興事業をいわゆる「心臓部」へと集中させることは賢明ではないといえる。全ゲール語話者の少なくとも半数を事実上取り残すことになるからだ。しかし、スコッツ語圏での政策は、ゲール語話者の集中度合いがたいへん低いので、その効果は限定される。

2001年には、ゲール語話者人口の10分の1をなす、約6,000人がグラサフ（グラスゴー）に住んでいた。しかし、これはグラサフの人口全体の1％にも満たず、昔の世代のように事実上の地域的集中はもはやない。アルバで二番目に人口が集中している都市、デュンエーデン（エジンバラ）におけるゲール語話者に関する最近の研究では、圧倒的多数が、せいぜい思い出したようにゲール語を使用しているにすぎないことが確認された。このような状況では、ゲール語の日常的使用を増やすための施策は非常に限られている。

最後の課題は、ゲール語話者の間で読み書き能力が相対的に低いことである。これは、ほとんどのゲール語話者に対して、ゲール語が歴史的に教育カリキュラムから除外されてきたことによる。2001年、ゲール語を読めるのは、ゲール語話者の約3分の2で、書けるのは半数強にすぎなかった。読み書きができても、多くのゲール語話者の専門用語の語彙は限られ、文語的文法とつづりの規則の把握も比較的弱い。こうして、ゲール語の文字によるコミュニケーションの需要は少なく、読み書きのスキルが必要な分野で、ゲール語をさらに用いる機会も生まれていない。

IV　言語の教育

最後に、アルバでゲール語を維持、復興するためにとられてきた政策について検討しておきたい。既に述べたように、約35年前まで、ゲール語は公的支援をほとんど享受することなく、実際の組織的な言語計画構想の恩恵もなんら受けていなかった。アルバの地方政府が再編成され、1975年に「コワレ・ナン・エリャン」（Comhairle nan Eilean, 島嶼評議会）、現在の「コワレ・ナン・エリャン・シアル」（Comhairle nan Eilean Siar, 西部諸島評議会）つまり外インセ・ガル地方自治体が創設されるに伴って、ゲール語への政治的無関心を覆す重要な機会が訪れた。新しい評議会は、最初から、その運営にバイリンガル政策を導入し、島の小学校でゲール語と英語によるバイリンガル教育の試みを始めた。不幸にも、この試みは失敗だった。バイリンガル政策は組織的には実施されず、バイリンガル標識などを採用はしたが、評議会はまだ運営上のほとんどの面で英語が支配的である機関のままであった。外インセ・ガル諸島でゲール語が急速に弱まりつつある事態を考えると、この言語計画の試みは、

2004年に完成したアルバ新議事堂の　　ゲール語と英語のバイリンガル標示
バイリンガル表示　　　　　　　　　　（エリスゲイ島）

チャンスを逃してしまったことになる。

　1980年はじめ、カムリーの就学前教育の経験と、ニュージーランドのマオリ人の「ことばの巣」の取り組みに刺激を受けて、ゲール語の就学前教育が導入された。これによってゲール語教育への需要が高まり、1985年、グラサフ（グラスゴー）とイニールニシュ（インバネス）に、ゲール語を授業言語とする小学校のクラスができた。このつつましい始まりから、「ゲール語媒介教育」（GME: Gaelic Medium Education）と呼ばれるゲール語使用教育が急速に広まった。もっともここ10年くらいは、その成長率はかなりスローダウンはしている。現在、英語使用小学校のなかに、ゲール語使用の58学級のGMEが設けられ、ゲール語だけを授業言語とする二つの学校、あわせて2,256名の小学生が学んでいる。中等学校レベルでは、ゲール語だけを授業言語とする学校はなく、ゲール語使用の限られた範囲の学級の選択ができるだけだ。1,028名の中高生が自由選択科目のゲール語教科を選択し、2,824名が学習者向けのゲール語科目をとっているが、ゲール語を授業言語とする教育課程をとっているのは390名にすぎない。

　最近の研究によれば、GMEの教育的成果はたいへん良好で、生徒たちは、英語を授業言語とする教育を受けている生徒たちと比較して、同等あるいはもっとよい成績をとっている。しかし、ゲール語の振興という観点からは多くの問題がある。第一に、一般的に言われるのは、GMEの数は、減り続ける話者の数を埋め合わせるには少なすぎるということである。GMEに在籍してい

るのは、初等教育を受けている生徒全体の1%にも満たない。外インセ・ガル諸島でさえ、GMEにいるのは小学生の4分の1にすぎず、この割合はゲール語使用の心臓部での減少に対処するには少なすぎる。さらに驚くべきことには、外インセ・ガル諸島にはゲール語だけを授業言語とする学校がない。第二にもっと全般的にいうと、ゲール語話者数を維持するためには、GMEの数を単純に何倍も拡大しなければならない。GMEに関する決定はだいたい地方評議会の手にゆだねられているが、そのような拡大策を保証する機構は少ししかない。第三に、英語を授業言語とする学校のなかの、GME学級あるいは課程におけるアルバのゲール語教育は、ゲール語を授業言語とする学校のアプローチとは一致しない。GMEに関してもっとも重大なのは、おそらく、現在の体制において、成人してからゲール語を使用するのに十分な言語スキルを持った生徒を送り出す能力である。GMEのほとんどの生徒がゲール語を話さない家庭の出身で、多くは中等教育レベルではまったくGMEを続けない。そこで、多くの生徒は、言語を完璧に流暢に話すまでには決して至らず、流暢さのレベルは急速に落ちていき、実際にゲール語を習慣的に使用していくことも減っていく可能性が高い。

V　メディア

　最近ますます重要になっている政策分野が、メディアに関するものである。英国放送協会BBCは1920年代に創設されてから、いくつかのゲール語番組を放送してきた。しかし、1980年代になっても、ゲール語番組は、BBCと商業チャンネルあわせてもきわめてわずかしかなかった。そこで、1984年に設立されたゲール語振興団体「コムン・ナ・ガーリク」(Comunn na Gàidhlig: CNAG, ゲール語協会) の主導で、ゲール語チャンネルを求めるキャンペーンがはじまった。チャンネルの創設にはいたらなかったが、1990年、政府は放送法によって、アルバの民営公共サービス放送局、現在のSTVに、もっと多くのゲール語番組を制作するよう要請し、年間約200時間分のゲール語番組を制作するための助成金を支給した。主にSTVのための援助だが、BBCにも助成している。この結果、ゲール語番組は格段に拡大したが、1990年に創出された体制は、本当の意味でのテレビ番組の改善とはならなかった。1990年

代にメディア市場の競合がますます激しくなったため、とりわけ STV はゴールデンアワーにゲール語番組を放映するのをためらうようになった。

　この結果、ゲール語話者はよりよいテレビ局を求めて再びキャンペーンを始めた。1990 年法に基づいて創設され（「セルヴィシュ・ナム・メアナン・ガーリク」(Seirbheis nam Meadhanan Gàidhlig, ゲール語メディア・サービス）がもとになった）、現在「MG アルバ」(MG ALBA) の名前で運営されている組織が、2003 年の通信法で、放送局になるために十分な権限を与えられた。しかし、主に運営上のさまざまな理由によって、MG ALBA はゲール語のデジタル・ネットワークを立ち上げるために、BBC と連携する形を選んだ。交渉は成功して、2008 年には「BBC－MG アルバ」連合は、新しいデジタル・チャンネル「BBC アルバ」(BBC ALBA) を開設した。このチャンネルは夕方と夜に一日あたり約 6 時間半放映している。このうち約 1 時間半が新しい番組で、「MG アルバ」は現在これを一日あたり 3 時間まで拡大するため、政府助成金の追加を得ている。今まで、衛星放送用アンテナがある視聴者だけが、このチャンネルを見ることができた。すべての視聴者のなかで衛星放送用アンテナを持つのは少数であり、このため多くのゲール語話者がチャンネルにアクセスできなかった。しかし、2010 年 12 月に、BBC の運営の監査機関である BBC トラストの決定で、BBC アルバを今年から自由に見ることができるようになる。事実上アルバのすべての視聴者がチャンネルにアクセスできる。再放映番組が多いが、概して高い品質を保っている。字幕を使用することで、少なくともゲール語を理解できる、アルバの 9 万 5,000 人よりずっと幅広い視聴者の興味をひいている。この新しいチャンネルの重要性は、文化と言語政策において誇張されすぎることはない。恩恵の一つとしては、放送の拡大によって、ゲール語話者、多くはいわゆる心臓部にいる話者にとって、相当数の魅力的な仕事が創出されたことがあげられる。メディアは、これらの地域の経済と文化の再生に重要な役割を果たし続けることができる。

　ゲール語は、ラジオを除く他のメディアでは、テレビほどは使用されていない。たとえば、ゲール語の新聞はなく、ごく少数の定期刊行物があるだけだ。ゲール語圏の全国紙とローカル紙には、ゲール語による記事が少し掲載されてはいるが、ゲール語による出版事業は「コワレ・ナン・レアラヘン」(Comhairle nan Leabhraichen, ゲール語書籍審議会）によって強化され、「ウル・スギアル」(Ur-sgeul, 新しい物語）プロジェクトの助成金で、近年、30

冊以上の新しい小説と物語集が出版された。最後に、1990年代から「BBCスコットランド」はすばらしいゲール語放送、「レイディオ・ナン・ゲール」(Radio nan Gàidheal) を着実に拡大し続けている。今では週に約92時間のゲール語番組が放送されている。これは比較的小規模の言語的少数派にとっては注目に値する放送時間といえるだろう。

VI　言語法と言語政策

　しかし、ゲール語が直面している最大の問題は、ゲール語話者の日常生活に直接的影響を与える多くの領域で、ゲール語が除外されていることである。前に述べたように、実質的にすべての行政が英語のみで行われている。西部諸島評議会、最近ではゲール語圏（ハイランド）評議会がゲール語政策を推進してきたが、うまく機能しなかった。民間機関とボランティア機関では、ゲール語使用はごく少なく、あっても申し訳程度である。ゲール語の心臓部でさえそうなのだ。だが、キリスト教の教会では、ゲール語の存在はもっと強固である。

　1993年のカムリー言語法にも刺激をうけて、1996年に「ゲール語協会」はアルバで同様の、公共機関でのゲール語使用をもっと促進することができる法律を制定するキャンペーンをはじめた。この結果、2005年にアルバ議会はゲール（スコットランド）語法を可決した。この法律は、ゲール語をアルバの「公用語」の一つとし、英語と「平等の敬意」をもたれるべき言語であるとしている。カムリー言語法にならって、言語計画団体である「ボルド・ナ・ガーリク」(Bòrd na Gàidhlig, ゲール語評議会) が作られた。カムリー語評議会と同様に、ゲール語評議会は、アルバの公共団体に、ゲール語を使用してどのようなサービスを提供することができるか、ゲール語を団体の内部業務でどのように使用するかという、ゲール語運用計画を作成するよう要求する権限をもっている。

　これらの言語計画は、法律のもとで主要な施策をなし、カムリーと同様に、もし正しく計画され精力的に実施されれば、公共の場でゲール語を目にする機会が増え、公共機関においてのゲール語使用が増大し、ゲール語を必要とする職業を大幅に増加させる可能性がある。しかし、現在までにゲール語評議会は13の運用計画を認可しただけだ。他には21の公的団体の運用計画が準備段階

にあるにすぎない。初期の運用計画はがっかりさせられるものが多かった。西部諸島評議会やゲール語圏評議会などの公的団体が、初期の計画のなかでは幅広く内容の深いものを作成した。しかし、「心臓部」でのゲール語の脆弱な状況を考えると、特に教育に関しては、もっと強い強制力をもった施策が必要だった。こうして、多くの公的団体が計画を作成しなくてはならなくなり、このため初めてゲール語に取り組むことになった。このことも一歩前進したことを意味する。しかし、公約はしばしば象徴的なものにすぎない。運用計画では、義務的な条項が条件をつけることでしばしば骨抜きにされ、最大限の努力が要求されるだけの場合がある。最終的には、その計画が、いかにすばらしいものであっても、計画のなかでゲール語化がどれほどうまく実施されるかにかかっている。運用計画を実施に移す法律の権限は弱いので、先にあげた二つの評議会などの重要な団体が、自らの計画を精力的に実施できていないという実情が明らかにされている。ゲール語評議会は、これらの運用計画の実施状況を分析していて、実施の際の弱点や計画自体の弱点が見つかれば、それらに対処するよう期待されている。

　2005年のゲール（スコットランド）語法がカムリー言語法とは異なるのは、5年ごとに、全国レベルのゲール語計画の作成をゲール語評議会に課していることである。計画はアルバ議会の承認を得なければならないため、より全般的に政府の政策を導く上で重要な役割を果たしている。2007年にゲール語評議会によって作られた最初の全国計画は、GMEに入る子どもたちの数と、21世紀のゲール語話者の数の増加について、非常に野心的な目標をかかげた。この全国計画は、ゲール語の学習、社会的地位の上昇、使用の促進などのプロジェクトや、言語アカデミーの創設について考察することを含む、コーパス計画に関するプロジェクトなど、数多くの注目に値する事項を包含している。だが、その多くは評議会が限られた影響力しかもたない、団体による実施に依存している。それにもかかわらず、全国計画はアルバでの全体的な言語計画に携わる、まったく初めての試みであった。そして、このこと自体たいへん重要な進展といえる。

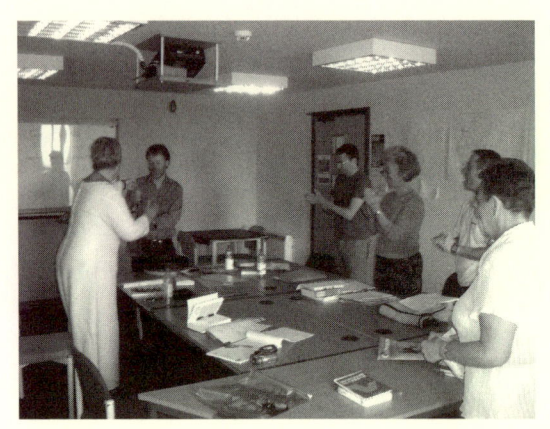

ゲール語講習会（アン・テリャン・スギアナハのソールモールオスタク校）の様子（2008年7月）

VII　結論

　終わりに、未来について少し述べておこう。確かに、ゲール語は危機に瀕した少数言語であり、2011年度国勢調査では、ゲール語のさらなる弱体化が示されるのは明らかである。しかし、ゲール語に対する公共政策には大きな変化があった。今ではゲール語は、以前とは比べようもないほど存在感を増して、アルバの公的想像力の中に位置している。また、多少とも重大な力を持つ公的団体であるゲール語評議会が、本格的な言語計画にはじめて携わることができるようになった。今必要とされているのは、アルバのさまざまなゲール語コミュニティの、さまざまな状況と要求に、密着して対処することだろう。ゲール語はまだ強固に存在してはいるけれど、急速に弱体化している。伝統的な心臓部のコミュニティが重要なのである。わたしは、中等教育の最後までをカバーするGMEと、公的団体にゲール語運用計画をたてるようにもっと強く要求すること、ゲール語が使用され、目にする機会を増やすように、民間団体やボランティア機関がもっと積極的に関与すべきだと考える。伝統的にはゲール語が使用されてこなかった地域、特にグラサフ（グラスゴー）やデュンエーデン（エジンバラ）、イニールニシュ（インバネス）などの、現在かなり活性的な都市におけるゲール語コミュニティを顕在化することも不可欠である。これらの地域では、ゲール語話者は非常に孤立していて、交流する機会がほとんどない。これらのコミュニティでGMEをさらに強化することに加えて、優先

されるべきことは、コミュニティ・センターなどの社交の場や、ゲール語使用に意欲的なローカルビジネスを創設し、ビジネスのための小売業の集団を生み出すことである。ゲール語が話されているすべての地域で、少なくとも家族の何人かはゲール語が話されている家族のなかで、そしてゲール語が存在する近隣地域でも、ゲール語がもっと使われるように奨励し、支援するために、もっと多くのことがなされる必要がある。ゲール語の社会人学習を支援するためにもっとたくさんの施策が必要である。結論としていえば、なされなければならないことはたくさんあり、それをなすには比較的短い時間しか残っていないのである。

ケルト諸語文化の復興　　6

マニン・ゲール語について
言語シフトと言語復興の歴史

ダヴィス・ヒックス
[Davyth Hicks]　　　　　　　　　　　　　　　　　　　　（米山優子訳）

マニン語の歴史

　エーレ（アイルランド）海に浮かぶマニン（マン）島（エラン・ヴァニン、Ellan Vannin、人口 8 万人）は、自治政府を擁する英国王室の属領である。マニン領主（Lord of Mann）の称号を戴くエリザベス 2 世が総督（Lieutenant Governor）を任命する。マニン自体は連合王国（英国）の一部ではなく、欧州連合（EU）にも加盟していないが、その外交と防衛は英国政府が管轄している。

　マニンではもともとブリトン語派の言語が話されていたが、5〜6 世紀にエーレ（アイルランド）からゲール人が到来し、9 世紀には北欧のノース人が定住しはじめた。ゲール人とノース人の文化が融合するなか、マニンはノース人に支配された。1266 年にマニンはアルバ（スコットランド）の一部となったが、アルバとイングランドはその統治権をめぐって抗争しつづけた。1399 年にイングランドの統治下に置かれ、1764 年に英国王室への帰属が定められたものの、自治権と司法権を保持する島として、マニンは現在も連合王国の構成地域には含まれていない。

　マニン語はゲール語派の Q ケルト語で、エーレ及びアルバのゲール語と強い親縁性がある。アルバ・ゲール語と同様に、マニン語は古期ゲール語から

派生した言語である。古期ゲール語は10世紀までに中世ゲール語の段階に入り、ヒベルニアからスコット人が入植し、その痕跡が借用語、人名、「ラクセー」(Laksaa, Laxey) や「ルムセー」(Rhumsaa, Ramsay) のような地名に残っている。

マニンへのイングランドの影響は中世後期に更に強まり、この時期以降、英語はマニン語の発展を阻む主要な外的要因となった。マニン語は13世紀頃に初期近世ゲール語から分岐し、15世紀にアルバ・ゲール語から分岐しはじめた。ケルノウ語と同様に、マニン語は19世紀まではずっと活気のある言語であったが、島民の大多数が英語話者となった19世紀に衰退しはじめた。

1848年、カミング（J. G. Cumming）は、英語を話さない島民は「ほとんどおらず、若年層ではまったくいないといってよいだろう」と述べた。ケルノウ語学者ヘンリー・ジェナー（Henry Jenner）は、1874年に、人口の約30%（1万2,340人）が日常的にマニン語を話すと推定した。国勢調査によれば、1901年には9.1%がマニン語話者であるとされたが、1921年にはわずか1.1%となった。

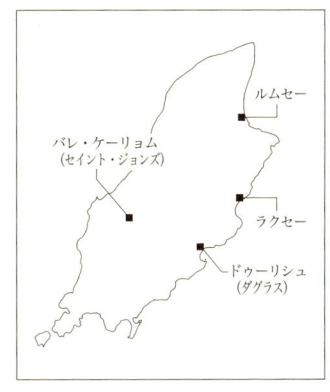

マニン島（マン島）

言語シフト

マニン語から英語への言語シフトが大規模に起こったのは19世紀である。19世紀末から20世紀初頭にかけてさまざまな要因が結びついた結果、言語シフトは急速に進んだ。マニン語の衰退は、コミュニティの内部で生じたマニン語に対する激しい反発というよりも、コミュニティの外部で生じた一連の環境の変化に起因する。18世紀中頃まで、マニンは外界とほとんど接触してこなかった。人口も資源も少ないことを考えれば、外界との交易や接触は不可能だったので、小規模の町に住んでいる者以外にとって、英語は必要ではなかっ

た。そのような町では、マニン語が英語に取って代わるのではなく、英語と併用されていた。外界の人々をマニンに呼び入れる誘因はなく、市街地と地方との日常的な接触が重要であった。18世紀初期から中頃にかけての英語の流入は、島民の多くが利益を得ていた「密輸業」がもたらしたものだった。マニンへの輸入品に課せられる税率が、ブリテン島の他の地域よりも低かったことから、英国政府はその交易を「密輸」とみなしていた。これは、1736年から1765年までマニンの領主であり、総督であったアソル公爵家（the Dukes of Atholl）の政策であった。しかし、1765年の再帰属法（the Revestment Act）により、マニンの主権はアソル家から英国王室に移された。それまで英国政府の歳入を減らしつづけていたマニンの「密輸業」は終止符を打たれ、多くのマニン住民が生計手段を奪われた。貧困に陥った島民が移民として島外へ流出した結果、マニンでは英語が優勢となり、マニン語話者が減少することになった。やがて、世代間で意思疎通ができなくなった。

言語復興

19世紀にマニン語の使用が減少した後、1899年にマニン・ゲール語協会（アン・チェシャハ・ハイルカハ、Yn Cheshaght Ghailckagh）が設立された。20世紀中頃には高齢の母語話者が数名残っていたに過ぎなかったが（最後の話者であるネッド・マドレル（Ned Maddrell）は1974年12月27日に死去）、この頃までに、学術界におけるマニン語への関心の高まりが一般社会にも広まりはじめ、多くの人々が第二言語としてマニン語を学んでいた。マニン語の復興が、20世紀に行われた研究者の記録調査によって促進されたことは重要なことである。もっとも特筆すべきは、1948年にエーレ（アイルランド）民俗調査会（the Irish Folklore Commission）が、マニン語の記録調査のために、エーモン・デ・ヴァレラ（Éamon de Valera）によって派遣されたことである。また、マニン語の熱心な信奉者であり、流暢な話者であるブライアン・ストーウェル（Brian Stowell）も、マニン語の復興に多大な役割を果たしている。

マニン語は消滅したといわれてきたが、決してそうではなかったことは明らかである。他のケルト語圏と同様に、マニン語の実践と英語への抵抗運動もまた、政治への意思表明によって言語の復興と発展に貢献してきた。1980年

代後期に、金融業の急成長と、それがもたらしたマニン島民への経済逆効果に反発する抵抗運動は、三人の若者（そのうちの一人は現在マニン議会（the House of Keys）の議員である）が放火罪で逮捕される事態に至った。地元住民が購入できないような、高額で売りに出された住宅に火がつけられたのである。この三人を支持する投書が相次ぎ、彼らを非難する一般世論への反発が起こった。これは、当時のマニン政府の政策に不満を持つ者がいることを明らかにした。この三人は皆、マニン語話者であった。マニン政府がこのような反発行為に応えることが、マニン語とその文化の振興のきっかけになったと、断言することはできない。しかし、マニン語とその文化への公的な態度が、侮辱や無視ではなく、振興につながるものとなったのは確かである。少数言語全般、特にケルト系言語の再活性化についての認識と、それらへの支持がますます高まったことで、マニン語の状況によい影響が見られた。2001年の国勢調査では、会話能力のレベルに幅があるものの、マニンの人口の2.2%（1,689人）がマニン語がわかると答えた。

マニン語の現状

　マニン語は地元企業のスローガンの表記によく用いられ、マニン政府の部局のレターヘッドや宣伝用資料にも見られるが、ビジネスの場やマニン政府で、話しことばとして用いられることはない。立法機関ティンワルド（Tynwald）の年次総会では、新しい法令がマニン語と英語で読み上げられる。マニン語は、欧州地域語少数言語憲章と、英国・エーレ（アイルランド）協議会の枠組みにおいて認められている。

　マニン語は、島内のすべての小学校と中学校、そしてマニン島カレッジ（the Isle of Man College）とマニン語研究センター（Centre for Manx Studies）で第二言語として教えられている。マニン島カレッジとマニン語研究センターでは、マニン語で学位を取得することができる。マニン語話者の親たちによってマニン語を母語として育てられた、英語とのバイリンガル話者もいる。マニン政府は小学校におけるマニン語のイマージョン教育を実施している。「ムインジャー・ヴェゲイ」（Mooinjer Veggey,「小人たち」）という保護者のNGOが運営する5つの保育園と、小学校「ブンスコイル・ハエルガハ」（Bunscoill

マニン中央郵便局（ドゥーリシュ）のバイリンガル表示

「ティンワルド」セレモニーの行われる丘

マニン語を授業言語に用いる初の小学校の授業の様子（2008年9月）

マニン語のゲームを楽しむ「マニン語の会」の人々（2008年9月）

Ghaelgagh）では、マニン語だけを教育言語として用いている。

　1999年、マニン語を教育言語とする学校の創設を目指して、保護者団体「シェシャハト・ナ・パーランティン」（Sheshaght Ny Paarantyn）が設立された。同年、この団体はマニン政府の教育部局に要求を提出し、2001年9月に学校が開校した。当初は一クラスのみで、ドゥーリシュ（ダグラス）のバラコティア校の校舎を共同利用していたが、2003年1月に独自の建物に移った。

　マニン・ラジオ（Radio Vannin）のような地元のラジオ局では、ニュースを含め、時々マニン語の番組が放送されているが、テレビ放映はない。マニン島の新聞には、マニン語で書かれた記事がわずかに見られる。1983年には、マニン語の最初の映画である短編作品「雪に埋もれた羊」（Ny Kiree fo Niaghtey, 22分間）が上映された。

マニン語の将来

　マニン語の復興が成功を収めたのは明らかであり、この成功は 20 世紀に母語話者の言語学的なデータを早くから収集し、記録した研究者たちに負うものである。もっとも重要なのは、マニン語がマニン語コミュニティに強く支えられて成功を収めた点である。マニン語を教育言語とする小学校が設立され、成功を収めていることは、言語学的に見ても象徴的であるという点から見ても、特に重要である。これにより、マニン語話者の新しい世代が確保されるとともに、マニン語の用法が標準化された。この点において、マニン語話者の保護者団体である NGO の「ムインジャー・ヴェゲイ」が果たした役割は大きい。

　マニンが置かれている立憲上の特別な状況もまた、これらの成功の要因となっている。自治権を有するマニンでは、教育分野で独自の判断を下すことができる。これはケルノウ（コーンウォール）の場合との大きな違いの一つだが、ケルノウ語振興企画官はマニン語の動きと密接に連携している。マニン語の成功はケルノウ語の振興を前進させる刺激剤になっている。

　言語が危機に瀕してその多様性が衰退し、人類に未曾有の重大な結果をもたらしている時代に、自らの言語の保護と維持に格闘するすべての人々にとって、マニン語の復興が希望の兆しを示していることを忘れてはならない。

ケルト諸語文化
の復興

7

アルバ・ヌアの
アルバ・ゲール語

ロバート・ダンバー
[Robert DUNBAR]

（岩瀬ひさみ訳）

I　多言語的カナダとゲール語

　アルバ・ヌア（ノヴァスコシャ、ヌーヴェル・エコス）にアルバ（スコットランド）・ゲール語[1]の話者数がどれほどいるのか、正確にはわかっていない。2006年度カナダ国勢調査によれば、500人以下である。ゲール語の母語話者に関しては、この数は実数に近いが、現在、少なくとも最低限の会話ができるゲール語学習者はおそらく数百人はいるので、ゲール語をある程度使いこなせる人の総数は500人をいくらか超えることになる。母語話者は主に高齢者で、ほとんどの人がアルバ・ヌアの北東岸沖の大きな島、ケープブレトン島に住んでいる。ひとにぎりの家族を除いて、ゲール語は世代から次の世代へと継承されなくなった。話者が集中して住んでいるのは二、三の農村コミュニティにすぎない。このため、ゲール語は、カナダでは非常に危機的な状況にある。
　いくらか説明を付け加える必要がある。というのは、ほんの一世紀半前のゲール語は、現在のカナダとなった土地で、英語とフランス語に次いで三番目に広く話されている言語だったからだ。1867年にカナダ連邦政府が建国されたとき、国内で20万人から25万人がゲール語を話していたと考えられている。総人口は約346万3,000人だったので、5.7％から7.2％の人がゲール語を話していたことになる。興味深いことに、大まかにこの時代のアルバ（スコット

ランド）には、ほぼ同じ数のゲール語話者がいた。1891年度英国国勢調査によれば、25万4,415人のゲール語話者がいて、これはアルバ人口の6.8%だった。少なくとも、これは18世紀と19世紀のアルバのゲール語圏（ハイランド）地方からのゲール人移民が大規模なものだったことを示している。ゲール人たちが最初に定住したプリンスエドワード島とアルバ・ヌア（ノヴァスコシャ）東部では、20世紀に入ってもゲール語は力を維持していた。1901年度国勢調査は、この地域におそらく8万人のゲール語話者がいたことを示している。ケープブレトン島の多くの地区で、ゲール語圏（ハイランド）からやってきた人々は主にゲール語話者だった。確かに、これらの地域の多くでは、最初の定住から80年、90年たった後でも、人口の90%以上がゲール語を話していた。

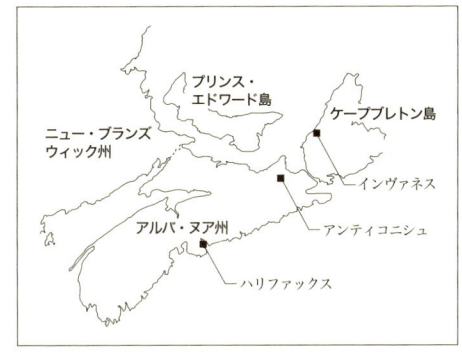

アルバ・ヌア（ノヴァスコシャ）

わたしの父方の祖父母は二人ともゲール語を話す家庭に生まれ、ゲール語を話すコミュニティで、ゲール語を第一言語として学んだ。私の祖父は5世代目のカナダ人で、祖母は3世代目だ。注目に値するのは19世紀、これらの田舎のゲール語を話すコミュニティは、新しく来た人々とうちとけることができたことだ。エーレ（アイルランド）からの移民の少数が——ほとんどがエーレの英語化された地域からの移民で——ケープブレトンに来て、一世代でゲール語話者となった。ケープブレトンに残っている最良のゲール語話者には、コリンズ、ファレル、マクダニエルなどの姓を持つ人々が含まれている。同様に、その祖先がアルバのスコッツ語圏（ローランド）から来た、ストラハンなどの姓を持つ母語話者もいる。最近のもっともすばらしい民間伝承の保持者は、19世紀にこの島に来て、土地の女性と結婚したカムリー（ウェールズ）人の男性の子孫だ。この人物、「ショニー・ウヌィッシュ・ビック」（Seonaidh Aonghais Bhig, 小アンガスの息子のジョニー）として知られるジョニー・ウィリアムズは、150を超える歌のレパートリーを持っていて、そのいくつかは、彼の祖先が西ゲール語圏からもたらしたとても珍しい歌である。

/ アルバ・ヌアのアルバ・ゲール語／ロバート・ダンバー　　121

私の妻は、アルバのルイス島出身のゲール語話者だが、私たちがジョニーの家を訪問したときに、ジョニーが18世紀の偉大なゲール詩人、「金髪の」ドナハク・バーン・マック・アン・トゥール（Donnchadh Bàn Mac an t-Saoir, ダンカン・マッキンタイア）が作った長大な歌を歌い、それから妻がそれまで聞いたことのない、「バード」（詩歌伝承者）にまつわる多くの伝承を、妻に話して喜ばせたので、驚いた。私の妻が、それはアルバで習ったのかと聞いたとき、ケープブレトンのブライ・ナ・ハイニェック（Bràigh na h-Aibhneadh, グレンデール）の生地からほとんど離れたことのなさそうなジョニーは笑って、アルバには足を踏み入れたことがないし、約80km離れた、アルバ・ヌア本島でのもっとも近い町であるアンティゴニッシュですら、ほとんど行ったことがないと答えたのだった。

　アルバ・ヌアでゲール語が急激に衰退した理由については、この報告の最後で考察し、そこではゲール語を支援する最近の動きについても述べたい。とはいえ、ある意味で、アルバ・ヌアでゲール語がこのように長い間生きてきたことは驚くべきことだ。カナダは明らかに移民たちの国で、先住民の人口は全人口の5%以下である。もっとも大きな言語的グループは昔から英語とフランス語だ。これらは確かに「移民の」言語だが、国の公用語でもある。他の移民の言語は、比較的短期間にすべて同化消滅してしまった。一般的なパターンとしては、カナダで生まれた第2世代はバイリンガルで、3世代目はほとんどが英語かフランス語の話者であり、彼らの祖父母が持ち込んだ言語に関しては、せいぜい受動的な知識をもっているにすぎない。4世代目以降となると、まったく英語かフランス語だけを話す単一言語話者である。ゲール語については、少なくともアルバ・ヌア東部では、このパターンが典型的なものとはいえなかった。残っているゲール語の母語話者はみな、5世代目、6世代目カナダ人で、7世代目さえ存在する。したがって、言語の衰退だけでなく、いかにして生きながらえたかについても説明する必要がある。

II　　移住の歴史

　これらの事象に目を向ける前に、アルバ・ヌアへのゲール語の到来と普及の歴史と、アルバのゲール語・文化の伝統とさえ異なる、興味深い文化と言語の

特徴について指摘しておこう。文化的遺産についても触れることにしたい。これから確認するように、ゲール語の衰退にもかかわらず、ゲール語コミュニティはいまだに生きながらえて、関連する文化はかなり力強く残っている。カナダでは今後もゲール語が話され続け、ゲール人アイデンティティの諸相が存続することは確実である。

　18世紀後半のゲール語圏の経済と社会構造の大きな変化が、非常に大規模な移民をひきおこした。初期の移民ははじめ、現在の合衆国に向かった。1730年代と1740年代のはじめに、ニューヨーク州北部のジョージアとノースカロライナのアッパー・フェア・リバー地方に、ゲール人の定住地ができた。これは合衆国内で最大で、もっとも長く続いたゲール人コミュニティとなり、ゲール語は19世紀になっても生き残った。ようやく1760年代になって、ゲール語圏移民が現在のプリンス・エドワード島に到着したときから、現在のカナダへのゲール人の定住が始まった。1773年、約200人のゲール人を乗せた船「ヘクター号」が、アルバ・ヌアのピクトウに到着した。彼らが、アルバ外での最大のゲール語圏の基点となった。

　1773年から1855年にかけて、ゲール語話者であるゲール語圏出身者の多くがアルバ・ヌア東部に定住し、1801年からはケープブレトン島が移民たちの主たる移住先となった。主にアルバ・ヌアについて考察することになるが、18世紀末と19世紀を通して、カナダの他の地域、つまり、オンタリオ東部のグレンガリー郡、ケベックの東のタウンシップ、南西オンタリオのさまざまな地域、さらに現在のウィニペグであるマニトバのレッド川渓谷などでも、同じようなコミュニティができたことを指摘しておくべきだろう。

　ゲール人移民のもっとも重要な二つの特徴としては、集団移民――つまり、同じコミュニティから同時に大勢の人たちが移民したこと――と、連鎖移民――つまり、一つの集団が移民すると、同族の人々がそれに続いて同じ地域に移民したこと、があげられる。このため、アルバ・ヌアのコミュニティは、アルバにおける出身地に基づく特有のアイデンティティを保っていた。他とは異なる方言、歌、その他の口頭伝承、フィドルやバグパイプの演奏法、ダンスの踊り方などである。文化面ではこれはとても重要なことだ。アルバでの過疎化や文化の衰退によって、特にアルバ本土の方言の多くと、それに関連する伝統がアルバから消えてしまったが、アルバ・ヌアでは保存されたのだ。例えば、偉大な20世紀ゲール語詩人であるソーリー・マクリーンは、アルバ・ヌアの

コミュニティがなかったら、かつて重要だった、アルバのブライ・ロッホ・アパル（Bràigh Loch Abar, ロッホアーバル北部）のゲール人コミュニティについて、私たちはほとんど知ることができなかっただろうと記している。

　アルバ・ヌアのゲール語圏の文化的な価値と遺産については、少し後で説明することにする。特有の言語的特徴もまた残っている。いわゆる「グルック・エガッハ（グウック・エガッハ）」（glug Eigeach, エグ地方の舌打ち音）と呼ばれるような言語的特徴である。これは、ケープブレトンのいくつかの方言に共通する特徴だが、アルバでは今ではたいへん珍しい。暗い子音の / l / が / w / と発音されるので、「ラー・ブラー」（latha blath, 暖かい日）が「ウァ・ア・ブワー」（wa' a bwa）となる。残念ながらアルバ・ヌアでは、これまで言語調査は行われてこなかったが、アルバ・ヌア政府は最近「カインチ・モ・ヴァーハル」（Cainnt mo Mhàthar, 私の母のことば）というプロジェクトを立ち上げた。ケープブレトン各地の出身で各方言を代表する、ほぼ30人の母語話者が、その地方の教育プログラムでの使用を目的として、その方言を録音するというプロジェクトである。これらの録音はデジタル化されていて、ウェブ上でアクセス可能だ。

III　移住と歌謡の伝承

　アルバでは、ゲール人移民たちは後ろ髪を引かれる思いで故郷を後にし、望郷の念に悩みつづけ苦しんだと一般に信じられている。これを裏付ける証拠がいくつかある。こうした感情が込められた素晴らしい「ア・ハリェ・グルアマッハ」（A' Choille Ghruamach, 陰鬱な森）という歌は、移民の体験の例としてアルバでは今でも歌われている。この歌は、ゲール語圏の氏族長コルのマクリーンに仕えてきた詩人たちの、最後の一人である詩人ジョン・マクリーンが作った。彼は確かに19世紀でもっとも重要なゲール語詩人の一人だった。彼は1819年にアルバ・ヌアに移住した。彼は私の博士論文のテーマであり、また私の先祖の一人でもある。しかし、アルバのゲール人たちは、彼が非常にすばやく移民に対する考えを変えたのを忘れてしまったのか、まったく知らないかのどちらかだ。7年のうちに、彼は、アルバ・ヌアのピクトウ郡メリゴミッシュの彼の家のそばで催された、アルバ・ヌアのゲール人たちの集まり

を祝うために、もう一つの素晴らしい歌、「アン・バール・ゲアラッハ」（Am Bàl Gàidhealach, ハイランド・ボール）を作った。アルバ・ヌアで今でも一般的に歌われるのは、「陰鬱な森」ではなくこちらの歌である。この楽しいコーラス部分はアルバ・ヌアのゲール人たちのスピリットを映している。

> Bithibh aotrom 's togaibh fonn,
> Cridheil, sunntach gun 'bhith trom,
> 'G òl deoch-slàinte na bheil thall,
> Ann an tìr nam beann 's nan gleannaibh.

> ゲール人よ、陽気に、歌を歌え、
> ほがらかにいよう、そして陰鬱になるな、
> まだ故郷にいる人たちに乾杯しよう
> 丘と渓谷のあの土地の

　彼らは、祖先の故郷を忘れてはいないが、望郷の念に苦しんでいるわけでもない。事実、アルバ・ヌアのゲール語の歌と口頭伝承の多くは、驚くほど肯定的で前向きな人々を描いている。新世界では、彼らは故郷ではありえなかったものを持つことができた。自分で所有する土地、氏族長や領主からの自由。この保障が彼らに、自分たち自身の自立したゲール語コミュニティを作るという希望を与え、そして、それこそ、彼らが実際大いに成し遂げたことだった。これまで述べたように、ゲール人移民はコミュニティに強く結びついていて、ゲール語コミュニティ全体が、アルバ・ヌアで非常にすばやく再建できたのであり、これは注目すべきことだった。したがって、移民によってゲール語コミュニティが分断されたのではなく、わずかな間、引き裂かれたにすぎなかったのである。
　19世紀から20世紀初頭にかけては、これらのコミュニティは、力強く、文化的に活気に満ちていた。ハーバード大学のチャールズ・ダン教授は、1953年出版の『ゲール語圏移住者たち』（*Highland Settler*）という本で、アルバ・ヌアのこれらのコミュニティの性格を、見事にとらえた[2]。この本はいまでもこの話題に関しては最良の本である。この本では、移住の後も、故郷の文化を驚くほど存続させてきたコミュニティ像が描かれている。ジョン・ショウが指

摘するように、アルバ・ヌアのゲール語を話すコミュニティのような、ある文化圏の周縁にあるコミュニティには、本拠地よりももっと大きな文化的保守性が見られる。ケイリー（家への訪問）などのコミュニティを基盤とした社会的な慣例は、ケープブレトンではかなり遅い時期まで、20世紀まで残っていたようだ。

たとえば、1920年代にケープブレトンの北岸で行われた「レーチャハ」（rèiteach）として知られる伝統的な婚約式の事例がある。この地域は、主に19世紀半ばに、ハリス島とルイス島からのプロテスタントの移民が定住した場所である。アルバ・ヌアで新しく作られたたくさんの歌を含め、数多くの歌が生き残っている。その一つ、ケープブレトンのケープブレトン郡フランボワーズのダン・アレックス・マクドナルド（Dan Alex MacDonald）の「オーラン・ド・ヒェップ・ブレヒトゥン」（Òran do Cheap Breatainn, ケープブレタンの歌）はケープブレトン島とそのゲール語コミュニティの賛歌のようなものになっている。

ケープブレトンのレパートリーのなかには、故郷の古い歌がずっとたくさん残っていて、その多くはアルバのレパートリーから消えてしまっているか、演奏とリズムにかなりの変化が見られる。一部は、アルバのゲール語圏の歌唱に影響を与えた、よりフォーマルな、クラシックの訓練をうけたスタイルの導入にも原因がある。1950年代に活動したフィールドワーカーたちは、例えば、いくつかのフェニアン物語詩を録音することができた。この物語詩は、5世紀か6世紀に、ゲール語圏アルバにもたらされた、古いヒベルニアの武勲詩、フェニアン物語に関連している形式の歌で、アルバで歌われることは非常に稀なのである。

IV　歌謡の録音と出版

ゲール語の口頭伝承の豊かな遺産は、20世紀に数多くの民俗学者たちによって録音された。ジョン・ローン・キャンベルは、1930年代と1950年代にケープブレトンを旅し、1937年の訪問で重要なフィールドワークを行い、その結果が、1947年の、あまり知られていない論文「アルバ・ヌア民謡集」（A Collection of Folk-Songs and Music made in Nova Scotia）に結実し、その

草稿のコピーがセント・フランシス・ザビエル大学にある。もう一つの成果が、有名な1990年にアバディーン大学出版局から刊行された『故郷を離れた人々に守られた歌謡』(Songs Remembered in Exile) である[3]。

1941年に、ハーバード大学のチャールズ・ダン教授がケープブレトンのフィールドワークを行い、その後も何度か訪問して録音を行った。この資料は公開されていないが、彼は1953年にケープブレトンのゲール人に関する影響力の強い研究書である『ゲール語圏移住者たち』(Highland Settler) を出版し、これはありがたいことに今でも出版されている。1940年代に、セント・フランシス・ザビエル大学のマルカム・マクドネル師が、驚くべきインフォーマントであるケープブレトンのインヴァネス郡ヒルスデールのヘクター・キャンベルから、一つの物語を筆記した。この物語の選集はマーガレット・マクドネル（マルカム師の妹）とジョン・ショーによって編集、翻訳されて、1981年に『ルルゲン・ヤハン・ニール』(Luirgean Echainn Nill, ケープブレトンの民話集) の題名でアハケル社（Acair）から出版された[4]。ヘクター・キャンベルは、当時ハーバード大学に勤めており、そして後にデュンエーデン（エジンバラ）大学のケルト学の教授になったケネス・ジャクソンの重要なインフォーマントだった。ケネス・ジャクソンは、1946年にケープブレトンでフィールドワークを行い、それは二つの重要な論文の基礎となった。そのうちの一つはキャンベルが語った英雄物語を含み、1949年にオーパリェーン（アバディーン）大学の『アルバ・ゲール語研究』(Scottish Gaelic Studies) 誌第5号に掲載された。その年、マクエドワード・リーチはケープブレトンで、主に歌からなる多数の民謡を録音した。

1940年代から1960年代初めにかけて、アルバ・ヌアの有名な民俗学者であるヘレン・クレイトン博士が、数多くの民謡などの録音をした。これは今ではオタワのカナダ文明博物館に所蔵されていて、その選集が1964年に、クレイトン博士と、当時のセント・フランシス・ザビエル大学のC. I. N. マクロードによって、『アルバ・ヌアのゲール語の歌』(Gaelic Songs in Nova Scotia) というタイトルで出版された[5]。クレイトンが活動していたこの時期、他の民俗学者は、主に歌のフィールド録音を行った。1950年代には、シドニー・ロバートソン・コウェルとダイアン・ハミルトンが、また1950年代に録音したローラ・ボルトンのコレクションはインディアナ大学に所蔵され、1964年と1966年の間に多くの録音を行ったラルフ・リンツラーのコレクションは、ワ

シントンのスミソニアン研究所に所蔵されている。スミソニアンの収蔵品は、ケープブレトン大学を含むケープブレトンの研究機関で参照できるようになっている。C. I. N. マクロード自身、フィールドワークを行っていたが、1977年に亡くなり、彼の論文と録音はグラサフ（グラスゴー）大学のケルト学科に寄贈され、今でも研究目的での使用が可能である。マクロードは、これらの録音とさまざまな文書資料から物語を選んで選集を編集して、1969年にガルム社（Gairm）から『スギアラハカン・ア・アルピン・ヌアイ』（*Sgeulachdan à Albainn Nuaidh,* アルバ・ヌア民話集）を出版し、つづいて1970年には、これもガルム社から詩歌のコレクションの『バールダハク・ア・アルピン・ヌアイ』（*Bardachd à Albainn Nuaidh,* アルバ・ヌア詩歌集）を出版した。

1960年代初め、アルバのタイリーのカスリーン・マッキノンが、セント・フランシス・ザビエル大学で学んでいる間に、ケープブレトンのインヴァネス郡ディープデールのヒューイ・ダン・マクドネルから伝承の物語を録音し、後に出版した。ジョン・ショーは1964年にフィールドワークを始め、1970年代には多くの仕事をなし、この時期に、たくさんの物語を書き写し、編集してケープブレトン・マガジン誌に掲載した。1960年代と1970年代に、マーガレット・マクドネル博士とゴードン・マクレナンも、ケープブレトンのインヴァネス郡で集中的にフィールドワークを行った。

1960年代と1970年代に、ケープブレトン大学の図書館員のシスター・マーガレット・ビートンは、ケープブレトン郡のボイスデール出身のゲール語話者ジョー・ローレンス・マクドナルドを含むたくさんの人々のゲール語を録音する手配をした。この録音は現在、ケープブレトン大学のビートン研究所に所蔵されている。

ローズマリー・マコーミックは、1970年代から1990年代まで、ゲール語のすばらしい録音を行い、「すばらしき北部沿岸域ゲール語歌手たち」（*A Tribute to the North Shore Gaelic Singers*）などの商業的録音も行った[7]。1970年代の終わりに、ケネス・ニルセンは、マサチューセッツ州ボストンのアルバ・ヌア人たちの録音をはじめた。1980年代には、彼はビデオテープでの録画もはじめて、今ではビデオテープで100時間以上のアルバ・ヌアのゲール語話者とのインタビューのアーカイブがある。この資料のいくつかは、1980年代と1990年代に、アンティゴニッシュの週刊紙『カスケット』（*The Casket,* 小箱）など、多くの学術雑誌に掲載されている。

ジェームズ・ワトソンは、1980年代初めよりケープブレトンで広範囲にわたって録音している。彼はこの資料の多くを『シャラグ・グ・トゥーブ』(Sealladh gu Taobh, 側視界)と、限られた範囲に流通していた季刊誌『ブライ』(Am Bràighe, 丘の高台)に掲載した。ケープブレトンの録音の多くの私的コレクションは、ほとんどが器楽のものである。この点については、ケープブレトンの器楽とゲール語の歌唱両方の大きなアーカイブを集めた、ポール・マクドナルドの仕事に触れなければならない。またロン・キャプランが『ケープブレトン・マガジン』に掲載した相当な量の資料も忘れてはならない。かなりの量をキャプラン自身が収集している。

　もっとも重要なフィールドワーク・プロジェクトは、アルバ・ヌア・ゲール文化民俗学プロジェクトで、セント・フランシス・ザビエル大学を拠点として、カナダ連邦政府から多文化主義政策評議会を通じて資金が出された、1977年から1982年に行われた5年間計画のプロジェクトである。ジョン・ショーがフィールドワークの責任者だった。これはカナダでこれまで行われてきた調査のなかでも飛びぬけて広範囲な試みで、生き残っているゲール語の口承文化の広さと深さを体系的に記録した。約150人のインフォーマントから2,000点の事例が記録され、それには1,100点を超える歌と400話ほどの民話を含み、なかには非常に珍しい事例を含んでいる。これには、アルバ(スコットランド)ではもう失われてしまったフェニアン騎士団の物語や、民話や民謡などを含んでいる。コレクションはセント・フランシス・ザビエル大学のアンガス・L・マクドナルド図書館に所蔵されている。

　この資料の大半はデジタル化されていて、ウェブ上の「スルー・ナン・ゲール」(Sruth nan Gàidheal, ゲールの流れ)というウェブサイトで現在アクセス可能である[8]。このサイトは、アルバ・ヌアのアンティゴニッシュのセント・フランシス・ザビエル大学によって作られている。この大学はアルバの外で唯一、ゲール語文化研究での学士号を提供している大学である。インフォーマントのうちの二人、ジョー・ニール・マクニール(エオス・ニール・ヴィック、Eòs Nill Bhig,「小ニールの息子ジョー」)とローチー・ダン・N・マクレランは、20世紀にアルバで記録された最良のインフォーマントに匹敵するほどのレパートリーと、言葉の深さと豊かさを持っていた。

　ジョン・ショーのフィールドワークからは3冊の重要な本が出版された。『夜明けまでの語り』(スギアル・グ・ラー、Sgeul gu Latha)は、ジョー・

ニールの語りのコレクションで、民話ばかりでなく、ゲームやことわざ、系譜的情報や、彼の若い頃の個人的な思い出も含んでいる[9]。『ブライ・アン・オーラン』(Braigh an Òrain, 歌の心髄)は、ローチー・マクレランの歌と物語と、回想のコレクションであり[10]、『ナ・ビャンティヘン・ゴルマ』(Na Beanntaichean Gorma, 青い山々)は、さまざまなジャンルの物語のコレクションである[11]。これらのなかには、アルバでは珍しくなったジャンルだが、アルバ・ヌアでは広く流布している「ローラスチェン」(ròlaistean, ゆかいな「ほら話」)がたくさん含まれている。

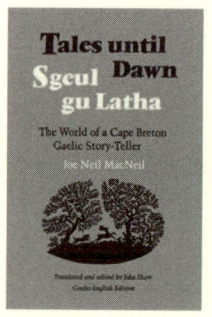

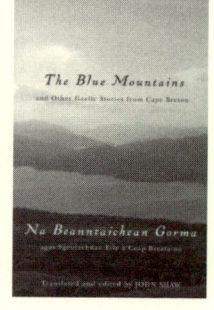

『夜明けまでの語り』　　『青い山々』

　19世紀末から20世紀初頭にかけて、ゲール語にもっとも活力があったとき、アルバ・ヌアのゲール語圏は、ゲール語での唯一の週刊紙である『マック・タラ』(Mac Talla, こだま)と、数多くのゲール語で書かれた本を出版していた。なかでも詩人ジョン・マクリーン(そして私の親類の一人でもある)の孫息子のアレグザンダー・マクリーン・シンクレアによって編集、出版された15冊の本は特筆に値し、それらの多くは今でもアルバで使われている。シンクレアは、数多くの記事を通じてアルバで有名になり、19世紀末から20世紀初頭にかけてのゲール文化研究に対して重要な貢献者であったので、もしもアルバに住んでいたなら、ケルト学の教授になっていたのはまちがいない。

V　言語の衰退と復興

　この言語コミュニティが、20世紀にこれほど急激に衰退したのは何が原因なのだろうか。ある点では、アルバ・ヌアのゲール語は、ケルト系言語すべてを苦しめる同じ力で苦しめられた。アルバ・ヌア東部は、たいへん美しいけれども、経済的には辺境である。だが、産業化に伴い、継続的な人口減に苦しんだ。鉱山業や鉄鋼業などがこの地域に到来すると、外部から大勢の人間を引き

寄せた。ゲール語話者ではない支配者階層と、アルバ・ヌア東部の都市化が英語化をもたらすことになった。また、政府の政策はよくても非介入主義的で、しばしば敵対的なものだった。アルバの学校では、1840年という早い段階で、他の言語とともにゲール語教育の条項はできていたのに、教師の養成や教材作成の努力はされなかった。

　ゲール人は、植民地時代と独立時代にわたって、英語を話す州のエリートたちからは、無知で貧しい田舎者と見られていた。行政やほとんどの事業が英語で行われた。深刻な言語喪失はすでにはじまっていたが、地理的に孤立していたことから、ゲール語は1930年代までは比較的良い形で生き残ることができた。しかし、その後、州と国レベルの経済がさらに大きく統合されたので、言語シフトが加速された。1901年からゲール語話者人口は、10年ごとに半減すると推測されてきた。事実、1930年代の急速な言語シフトは跡づけることができる。ごく少数の地域を除いて、この時点から、ほとんどのゲール語を話す親たちがゲール語を子どもたちに伝えるのをやめたのだ。

　では、何が残っているのか？　既に述べたように、ゲール語はまだ生きている。さらに、既に述べたように重要な録音資料と、手稿と出版物の膨大なコレクションが、アルバ・ヌアで話されている言語としてのゲール語の重要な言語資源となっている。ゲール人は、ひじょうに力強い、器楽とダンスの伝統を持っていた。これが生き残っているのだ。曲のレパートリーも演奏法も、アルバのものとはかなり違っている。民族音楽学者と多くのアルバの音楽家たちは、今では、ケープブレトンの伝統は、より古い、移民前のゲール語圏の演奏法とレパートリーをたくさん残していると認識している。カナダの音楽に貢献したとして、カナダ勲章を授与された、たぐいまれなバディ・マクマスターを含む、ケープブレトン奏法の演奏者たちの何人かは、今では定期的にアルバに招聘されて、教え、演奏している。

　アルバ・ヌアにはステップダンスの伝統もきわめて強く残っている。この伝統は、アルバでは完全に消滅してしまっている。多くのアルバ人は、そして、多くのゲール語圏の人でさえ、そのような形がアルバに存在していたとは信じず、その踊り方は、ごく少数のエーレ（アイルランド）移民か、ゲール人が移民したときに、ケープブレトンに住んでいたフランス系アカディア人によって、アルバ・ヌアのゲール人に紹介されたものだと信じている。こうした考えは間違いで、ステップダンスの形はもともとアルバのものであり、ゲール語圏に起

「オラン・ルーイ」（ウォーキングソング）の再現

源があることが研究によって明らかにされている。

　フィドルとダンスは、主に教会のホールや地域のスポーツクラブで行われるローカルなダンスパーティや、バグパイプやゲール語の歌も演奏される、大きな夏のコンサートなどを通じて、コミュニティのなかで組織的に支えられている。ゲール語の歌は、アルバのゲール語の伝統に特有な労働歌である「オラン・ルーイ」（ウォーキングソング）の実践によって支えられてきた。これらの歌は、伝統的に衣服に使われる毛織物を製造する過程で歌われてきた。アルバ・ヌアでは、これらの集まりはふつう夏に行われ、コミュニティを基礎としている。アルバでは、布の縮絨工程は一般に女性の仕事だが、アルバ・ヌアでは19世紀末のある時点から、この伝統は男性も参加するものになった。

VI　復興の現状

　ここ15年の間、言語自体の復興の兆しがいくらかみられる。一世代前よりはずっと多くの若者たちが現在、ゲール語を学んでいて、多くの人たちが驚くほど流暢に話せる段階まで達している。これは、幾分かはコミュニティを基盤とした積極的な活動によるものである。また、政策の歴史的変化によっても促進されてきた。2000年代のはじめ、後に州の首相となったアルバ・ヌア政府の若い大臣であるロドニー・マクドナルドの尽力で、ゲール語担当局が創設された。そして、ゲール語に責任を負うアルバ・ヌア政府の大臣が指名された。

マクドナルド自身、すばらしい伝統的なフィドラーで、ステップダンサーである。彼の祖父母たちはみなゲール語話者で、18世紀のロッホ・アパルに遡ることのできる、フィドラーとバグパイプ奏者の長い家系の出身である。彼自身は大学でゲール語を学んだ。まだ流暢に話せるレベルではないが。彼の指揮下で、アルバ・ヌアの学校で使用されるゲール語学習プログラムが計画され、今ではケープブレトンで、ゲール語による授業がいくつかの小学校や中等学校で提供されている。

　ゲール語担当局は、「ガーリック・エグ・バラ」(Gàidhlig aig Baile, 村のゲール語) と呼ばれる、アルバ・ヌアのさまざまなコミュニティでの、家庭での一連のイマージョン（没入法）コースを含む、数多くの重要な言語習得プログラムに資金を提供してきた。2008年には、400人以上の人たちがそのようなコースに在籍し、少なくとも参加者の何人かは、ゲール語の基本的な会話力を身につけた。ゲール語は今では、アンティゴニッシュのセント・フランシス・ザビエル大学、州首都ハリファックスのセント・メアリーズ大学、ケープブレトン大学の三大学で学生が学んでいる。ゲール語コースの在籍者の数は、三大学すべてで増え続けている。政府は変わったが、ゲール語をさらに支援する政策は変わっていない。これが今後を期待する理由なのだ。ゲール語がアルバ・ヌア州のアイデンティティの重要な部分をなしていることは、超党派的に合意されているのだ。

　結論を言えば、ゲール語はアルバ・ヌアでは不安定な地位にある。しかし、ゲール語に関連する文化の様相はしぶとく残っていて、アルバ・ヌア東部では、ゲール人の子孫たちの間には、ゲール語圏のアイデンティティに対する強い自覚と誇りがある。課題は、それを言語に対する興味に向けることであり、そのような興味を言語の獲得へと結び付けることなのだ。これはおそらく最大の課題である。ゲール人のコミュニティは、多文化のカナダ社会において、その固有のアイデンティティを維持することのできる、多くの活力に満ちた文化的指標なのである。固有な言語であるという意識は確かに存在する。たしかに、言語はこの文化的持続感を維持するために象徴的に使われるかもしれない。たとえば、コミュニティの集まりで象徴的にゲール語を使ったり、会話的な流暢さを必要としない、ゲール語の歌を歌うことによってアイデンティティを示すのである。「キアド・ミーレ・ファールチェ」(Ceud Mìle Fàilte, ようこそ)というあいさつは一般的に使われているし、ゲール人の伝統音楽のコンサー

トでは、しばしばゲール語の表現「マーリー・キョール・アグス・グール」（Mairidh ceòl agus gaol, 音楽と愛は生き残る）と唱えることではじまる。コンサートの進行は、ゲール語の歌の紹介も含めて、ふつうは英語で行われる。

　アルバ・ヌア人であることの強い意識、特にゲール語圏の遺産を担うという感覚を、言語的流暢さを積極的に獲得しようという興味に変換することは、とても大きな課題であり、少数者では成功しそうにない。同時に、多くの若いアルバ・ヌア人たちがゲール語に関心を持ち始めていて、彼らにとっては、ゲール語の象徴的な使用だけでは、満足ゆく文化的指標とはいえない。アルバ・ヌア東部は、少なくともマニンやケルノウと同じくらい、言語復興運動を開始する準備は整っている。マニンやケルノウでは、母語話者は生存せず、書承文学はもっと限られていて、フィールドでの記録はほとんどないか皆無である。伝統音楽の文化はおそらくもっと弱く、組織的とはいえず、親戚関係のネットワークはおそらくもっと活気がない。アルバ・ヌアの事例はこのため、非常に危機的な言語状況にある、少数言語を維持することに関係しているすべての人の注目に値する。特に、同じような状況にある日本の少数言語の話者たちにとって関連性があるのだ。

訳注

1. 以降、ゲール語はアルバ・ゲール語を意味する。Gaelic の訳語として、言語を指しているときにはゲール語、人を指しているときにはゲール人、および文化を指しているときにはゲール（文化）と訳した。
2. Charles W. DUNN, *Highland Settler: A Portrait of the Scottish Gael in Cape Breton and Eastern Nova Scotia*. 1991, Breton Books.
3. J.L. CAMPBELL (ed.), *Songs Remembered in Exile: Traditional Gaelic Songs from Nova Scotia*. 2000, Birlinn Ltd.
4. Hector CAMPBELL, Margaret MacDONELL (Ed.), John SHAW (Ed.), *Luirgean Eachainn Nill* (Folktales from Cape Breton). 1981, Acair Ltd.
5. *Gaelic songs in Nova Scotia*. by Helen Creighton, National Museum of Canada Bulletin, Calum MacLeod.
6. Calum Iain M. MACLEÒID, *Bàrdachd á Albainn Nuaidh. Deasaichte le Calum Iain M. MacLeòid*. 1970, Gairm Publications.

7   The North Shore Gaelic Singers, *A Tribute to the North shore Gaelic Singers: Traditional Songs from Cape Breton Island*. (Audio CD)
8   http://gaelstream.stfx.ca/
9   Joe Neil MacNEIL, *Tales until Dawn, Sgeul gu Latha*. 1987, McGill-Queen's University Press.
10 Lauchie MacLELLAN, John SHAW, *Braigh an Òrain: a Story in Every Song: the Songs and Tales of Lauchie MacLellan* (McGill-Queen's Studies in Ethnic History Series). 2001, McGill-Queen's University Press.
11 John SHAW (ed.), *The Blue Mountains and Other Gaelic Stories from Cape Breton / Na Beanntaichean Gorma Agus Sgeulachdan Eile a Ceap Breatainn*. 2007, McGill-Queen's University Press.

グラドヴァのカムリー語

カムリーの外の小カムリー

メイリオン・プリス＝ジョーンズ
[Meirion Prys Jones]　　　　　　　　　　　　　　　　（原聖訳）

移住の歴史

　カムリー（ウェールズ）語は、もちろん、カムリーで固有の言語として話されているが、アルヘンティーナのパタゴニア地方チュブ州のカムリー入植地であるグラドヴァでも話されている。

　「カムリー（ウェールズ）の外の小カムリー」を求めて、最初のカムリーからの植民者がグラドヴァに渡ったのは、1865年だった。住み慣れた土地を離れ、地球の裏側に移住しようとするのは、なかなかできることではない。こうした人々を移住に駆り立てたのは、何だったのだろうか。

　150年前のカムリーの生活状況は、たいへん厳しいものだった。賃金は驚くほど低く、普通の人々は飢えに苦しみ、雇主や地主は（たいていは民衆と同じ土地の人々だったが）勝手気ままに振る舞っていた。この地の人々の多くが、カムリー語しか話せないにもかかわらず、学校では用いられず、子どもたちは英語を一言も理解できなくても、学校の門を入ってカムリー語を話すと、厳しく罰せられたのである。カムリー語話者は、自分の国で2級市民扱いを受け、家族のためにもっと良い生活を望む事など不可能で、こうした不満が募った結果、どこかほかへ移って生活をやり直そうと考えたのである。

　南アメリカにカムリー人の入植地を作ろうと考えたのは、カムリーの愛国

派で非国教会派牧師のマイケル・D・ジョーンズだった。彼は米国で滞在経験があったが、そこで見たのは、カムリー出身者がほかの人々に比べ、同化が早く、カムリー人としてのアイデンティティをたやすく失ってしまうということだった。彼は英語の影響力の及ばない、カムリー語入植地の形成を提案したのである。

（地図：チュブ州、ガイマン郡、トレレウ、トレラウソン（ローソン））

こうして多くのカムリー人家族がアルヘンティーナのパタゴニア地方に渡った。ここは、英国の4倍の面積をもつ土地だった。最初の入植者たちは、東パタゴニアの沿岸部に居を定めたが、その後、西に進み、アンデス山脈の麓、チリとの国境地域に広がった。

1865年5月28日、リバプール港から、紅茶輸送用帆船を改装した「ミモザ号」に、162人のカムリー人移住者が新天地を求めて乗り込んだ。このミモザ団の3分の1は子どもだった。船旅はつらく、船上には飲料水もあまりなく、伝染病がはびこった。新天地にわたることがかなわず、海上で亡くなった人もいた。最後の大規模な集団移住者たちがパタゴニアに向けてカムリーをあとにしたのは、1874年、オリタ号によってだった。

グラドヴァで彼らを待ち受けていたものは何だったか。

残念ながら、グラドヴァは彼らが思っていたほど、肥沃で住みやすい土地ではなかった。カムリーの平地によく似ていると聞かされていたが、実際は、水利の便がよくなく、農作物の育ちも悪く、住環境も劣悪だった。

洪水や不作が続き、土地所有権を巡る争いもあり、生産物を輸出したり必要なものを輸入するための、港に続く道路がなかったため、生活はたいへん厳しいものだった。

しかしながら、グラドヴァ移住者たちの決意は固く、状況を改善し、土地を豊かにした。子どもたちをカムリー語で教育することについてはたいへん熱心で、彼らがこの地でまず行ったのは、カムリー語を授業言語とする学校の設立であった。とうのカムリーでの最初のカムリー語を授業言語とする学校の設立は1939年であり、75年もあとであった。彼らはまた、カムリー流の礼拝堂

もいくつか作り、大人も子どもも日曜学校で宗教教育が受けられるようにした。地区の行政でもカムリー語が用いられたが、これは残念なことに、今日のカムリーでもなかなか行えないことである。

　ところが、1914年に第一次世界大戦が起こり、カムリーからグラドヴァへの移住は完全にストップし、20世紀前半は、カムリーとグラドヴァの関係がたいへん希薄なものになった。

　この間に世界各地からパタゴニア地方に人々が移住し、カムリー語話者のコミュニティは少数派となった。カムリーからの移住第1世代が亡くなってからは、カムリーとグラドヴァとの交流も少なくなった。カムリー語による文化活動も弱まり、カムリー語による文化祭である「アイステズヴォッド」だけがこの時期の例外的なイヴェントとなった。

カムリーとの文化交流

　カムリーとグラドヴァとの関係が再び強まるのは、1960年代である。1965年はカムリーからの移住百周年であった。これは、グラドヴァ在住のカムリー人にとって、新たな歴史の一歩を刻む誇るべきときであり、彼らのカムリー人としてのアイデンティティを取り戻すきっかけにもなった。

　1997年、英国政府の援助によって、グラドヴァでのカムリー語教育を支援するプロジェクトがはじまった。これは、カムリーからカムリー語を教える教師をグラドヴァに派遣し、幼稚園、小学校、中学校、また社会人のための夜間学校など、グラドヴァ各地で教えるプロジェクトだった。このプロジェクトは現在でも継承され、今ではカムリー議会政府の手で行われている。

　カムリーから教師がグラドヴァに派遣されるばかりでなく、グラドヴァの学生が、カムリー語の能力を高め、実践するために、毎年カムリーに招待された。

　2008年には、「メンテール・グラドヴァ」が設立された。メンテールとは、「生活実践」であり、カムリーには22の団体がある。「メンテール・グラドヴァ」は、23番目の団体ということになる。「メンテール・イアイス（言語生活実践）」は、カムリー語使用機会を増やし、振興するために市町村レベルで支援を行う地区レベルの団体である。

　「メンテール・グラドヴァ」は、この地域で人々、とりわけ若者がカムリー

語を用いる機会を増大させるために設立された。これはたとえば、グラドヴァからカムリー語話者をカムリーに招いて、カムリー語による研究や労働を行う機会を作ったり、カムリーからグラドヴァへ青年たちを派遣するプランを立てたり、旅費の援助を行うなど、カムリー語を通じて社会化を行うのである。

さて、グラドヴァでは現在、何人くらいがカムリー語を話すのだろうか。正確な数字を割り出すのは難しいが、7,000人という人もいるし、5,000人近くという人もいる。

地球の裏側での、ほかのカムリー語話者とは接触機会のない8,000人ほどの話者たちの将来はどういうものだろうか。存続は可能なのだろうか。カムリー語は、グラドヴァの多くの町で聞けるようになっているし、若者たちがますます話すようになっている。

グラドヴァの人々は、カムリー語の遺産に誇りをもっている。こうした誇りが存続する限り、言語文化も継承されるであろう。

ケルト諸語文化の復興　9

ケルト諸語

20年間の言語学研究、1989年から2009年まで

ピエール＝イヴ・ランベール
[Pierre-Yves LAMBERT]　　　　　　　　　　　　　　　（原聖訳）

　ケルト諸語における最近の言語学的研究についての本報告は、私のこの領域での個人的経験が限られたものであり、なおかつ講演の時間にも制限があるので、必然的に限定的なものである。おわかりの方もあるかもしれないが、言語学研究は、研究対象によって、異なった方法と原理を用いる。現代方言の研究は、中世の文献や古代の碑文の調査とは、どの資料でも使われる言語が同じようなものだとはいえ、同じにはならないのである。したがって私は本報告を、現代方言、中世文献、古代碑文の3部に分けることにするが、それでもそれぞれは広範な領域である。現在の諸言語については、方言学や音韻論ばかりでなく、社会言語学的な研究も扱う。中世の文献学については、歴史文法に関わる主要な研究のほかに、文献学自体についての主な研究にも言及する。古代の資料、碑文については、碑銘研究としてだけでなく、比較文法研究の出発点としても指摘をしたい。

I.　現代に関する研究

　現代に関して、私個人としては、十分に行き届いた報告は無理なのだが、最新の研究についての情報をもっているブレイス（ブルターニュ）語についてだ

け、いくつか述べることにしたい。私は現代についての専門家ではないが、同僚の研究者を通じて、主な研究の進捗状況については良く知っているのである。

社会言語学

社会言語学からはじめよう。こうした言語の外側からの研究は、教育関係者、議員、大臣、労組関連、民生委員など、「社会的決定権」をもっている人々にとってはもちろんたいへん有用である。少なくともケルト諸語が生存権をもっている地域においてはどこでも、有益なはずである。現在ではどの地域でも言語調査が実施されており、存続のための何らかの言語計画が行われている。しかしながら、ケルト諸語はすべてが危機に瀕した言語であり、実施されている言語政策がその状況を変えるには明らかに遅きに失しており、話し手の数が減少し続けているので、近い将来完全に消滅する危険性をもっていることも指摘しておかなければならない。

この点について、私は大多数の社会言語学者たちと見解がやや異なることは言っておかなければならない。社会言語学者たちは存続を望む多くの人々の期待を反映する形で、明るい見通しを語る傾向にある。たとえば、ブレイス語の状況分析について、教育運動団体の発表する話者数、成人学習人口の増加への努力によって、たいへん楽観的な分析が行われている。だが現実はきびしいのであり、比較的若い世代（60歳以下）ではブレイス語話者は少ないのである。ブレイス語は第一言語としてはまさに消滅しつつあるともいえるのである。

方言学

方言学については、ブレイス（ブルターニュ）で「ブレイス・イーゼル（バス・ブルターニュ）新言語地図」(*Nouvel Atlas linguistique de la Basse-Bretagne*, 2001年、2巻) がジャン・ルデュ (Jean Le Dû) によって出版され、大きく進展した[1]。よく知られていることだが、この言語地図は、ピエール・ルルー (Pierre Le Roux)（後にファルハン師 (Chanoin Falc'hun) の援助によって）が編集した以前のものを、改訂する意図があった。前回と同一の質問形式が用いられ、方言的変異の詳しいデータを得るために調査地点を増やした。必要な場合には新たな質問項目も加えられた。もちろんこうした言語地図がこ

れしかないというわけではなく、一人の研究者によってなしうるものでもない。ジャン・ルデュの協力者である研究者たちは、各地の方言記述も行っている。この新言語地図の出版は、戦前のファルハン師以降、ジャン・ルデュによって形成された方言学の人脈をもつ、ブレスト大学ケルト学科のめざましい活動を証言するものなのである。ブレスト大学のジャン・ルデュ、イヴ・ルベール (Yves Le Berre) の二人は、言語学の研究チーム「ブレイス（ブルターニュ）言語経済学研究会」(Groupe de recherche sur l'économie linguistique de la Bretagne: GRELB) を組織して、定期的に研究会を開催している。その成果は年報『言語的ブレイス（ブルターニュ）』(*La Bretagne linguistique*, 1985年以降すでに10数巻が出版されている) に結実している。

ロアゾン（レンヌ）大学もまたブレイス語の記述に関しては大きな貢献をしている。とりわけ、フランシス・ファヴロー (Francis Favereau) の、文法、辞書、ブレイス語文学史といった数多くの出版物である。彼の二言語辞書『現代ブレイス語辞典』(1993年) はたいへん好評で、いまやブレイス語辞典の「定番」とみなされている[2]。この辞書の典拠は多岐に渡っており、写本や未刊行の方言調査も含まれている。ファヴローや、同僚であるルキアン・ケルゴアット (Lukian Kergoat)、グウェンダル・デネス (Gwendal Denez)、エルヴェ・アルビーアン (Herve Ar Bihan) などの指導によって、ブレイス語各地の方言に関して近年数多くの学位論文が執筆されている。論文の多くは刊行されており、特に重要なのは、イヴォン・エヴヌー (Yvon Evenou) によるラネヴェゲン方言の音韻論的記述である（年報『クラスク』第1巻、1989年、*Klask*, vol. I, 1989, p. 17-55)[3]。エルヴェ・アルビーアン自身も、子どもことばに関する辞書をまとめており、現代ブレイス語の記述に貢献している[4]。

ブレイス語方言については、大学や研究所に在籍しない「在野の研究者」によっても貴重な研究が行われていることは指摘しておいたほうがいいだろう。たとえば、ミカエル・マデック (Mikael Madek)、パスカル・ロラン (Pascal Rolland)（ポンティヴィ方言)[5]、パトリック・ルベスコ (Patrick Le Besco)[6] などである。外国人による研究も重要で、たとえば、音声学や類型論に関するスティーヴ・ヘウィット (Steve Hewitt)、ガリー・ジャーマン (Gary German) などが挙げられる。

とはいえ、現代ケルト諸語についていえば、ブレイス語の研究がもっとも遅れており、ブレイスの外ではほとんど知られていないということも書いておか

なければならない。ブレイス語習得の障害となっているのが、文献がすべてフランス語だということである。ケルト語研究者の多くは、英語、ドイツ語に堪能であるに過ぎない。

　私は個人的にもこうした方言学研究から多くのことを学んでいる。私の専門は歴史言語学だが、歴史のどの時点でも、言語は生きた言語として認識しなければならないといつも思っている。現代の言語を学ぶことによるメリットは大きい。第一に、音声学がことに重要である。正確な音声学的知識がなければ、発音を理解してもらうことができない。同様にして、音声学の正確な知識がなければ、文書に登場する綴り字の変化を区別することができない。さらにいえば、言語の一体性やその動態は、現代の言語の例に照らしてはっきりわかるのである。このように、現代語は歴史言語学者にとって、究極のモデルなのである。資料のほとんどない古代語についても、それがいかに特殊に見えても、われわれの目標は、言語体系全体を再構成することだということを忘れてはならない。

　もちろん、現代の方言が各地で古い形を保持していることがあるとはいえ、歴史言語学に関わる証拠として、現代方言を活用しようとするのは無理がある。第一に、方言学と歴史言語学は、その目標も方法もまったく異なることは認識すべきである。たとえば、島々は古風な用法を保存するところであり、反対に港は変革の中心地と捉え、方言地図から歴史言語学的な結論を引き出すのは危険である。ファルハン師は彼のブレイス語史に関する学位論文（1954年）で、こうした大胆な見解を表明したが、エジンバラ大学のケネス・ジャクソン（Kenneth Jackson）教授によって、この種の議論の危険性が指摘された。これは妥当なことであった。

　変形文法の分野については、ここでは触れない。また認知文法がようやく導入されつつある段階である。フランスの研究者、ディディエ・ボティノー（Didier Bottineau）がこの観点からブレイス語について研究を行っている。

　カムリー語、エーレ（アイルランド）・ゲール語、アルバ（スコットランド）・ゲール語に関する方言学、音韻論研究については、「現代語協会」（the Modern Language Association）の文献目録を参照願いたい。

II. 中世文献学と歴史言語学

古期・中世エーレ（ヒベルニア）・ゲール語

　ブレイス語とは対照的に、古期ゲール語は、比較文法や一般言語学の分野で言及されることが多い。これは、ブリテン諸島の大学課程（ケルト学科）で古期ゲール語の学習が優遇されているためであり、また19世紀中葉の先駆的研究者ヨハン・カスパー・ツォイス（Iohann Kaspar Zeuss）の存在が大きい。ツォイスは、欧州諸民族の起源を追及した歴史言語学者である。ケルト人に関しては、ガリア語の散発的な資料からの起源についての結論は早々にあきらめ、その次に古い資料である、8世紀から9世紀にかけての古期ゲール語注解書研究に進んだ。こうした研究は最近になって発見されたのだが、この時代のゲール語については、体系的研究はまだ行われていない。多くの書物、論文がこれについて書かれているが、最新の研究からも学ぶことが多いのは、うれしいことだと思う。

　たとえば、キム・マッコン（Kim McCone）の著作『初期ゲール語動詞』（*Early Irish verb*, Maynooth, 1987）は言語叙述がたいへん明解でわかりやすい。これはトゥルナイゼン（Thurneysen）の記述に添って読まれるべきだろう。トゥルナイゼンの書物は、これに関しては比肩するもののない随一の基本文献である。古期ゲール語の文献集、講義録、文法演習などについては研究書が数多い。

　最近のめざましい成果としては、キム・マッコンほか5人の研究者によって、メイヌースで1994年に出版された『ゲール語史』（*Stair na Gaeilge, A History of Irish*）が挙げられる。古期ゲール語、中世ゲール語文法に関する書物で、ゲール語によって書かれたものは初めてではないが、ゲール語史初の総合的歴史書としてゲール語で書かれているのである。この本は、これまで統合的に叙述されたことのない題材について概観を提供しているので、多くの章が革新的である。たとえば、中世ゲール語の体系（Liam Breatnach）、現代の古典ゲール語（Damian McManius）、現代語文献のなかでの方言的表現に関する先駆的研究（Nicholas Williams）などである。とはいえ、キム・マッコンは、彼に特徴的だが、古期ゲール語文法を語源学や比較文法的研究と関連づ

けて扱っている。それは表題にも示され、『古期ゲール語とその前史』(*Sean-Ghaeilge agus a reamh-stair / Old Irish and its prehistory*) とある。

　専門誌で公刊されている注目すべき研究は多いが、それをリストアップすることはやめ、いくつかの方法論的問題に絞って論述することにしたい。

　既に少し触れたように、歴史言語学は歴史文献学、すなわち文書の歴史、その起源や文化的背景についての研究、さらには語彙語源学、名詞動詞の形態論、統語論、テクスト文法といった比較文法論とも密接に結びついている。ここで事例を挙げてみよう。「ヴルツブルク注解書」(Wurzburg glosses) に関するリンデマン (Lindeman) の解釈を考えてみる。リンデマンの、注解書を理解するためには重要なラテン語文書「聖パウロの使徒書簡」に戻り、これとゲール・ラテン語注解書と比較するという試みは的を射たものである。

　比較文法というより、歴史言語学の一部としての語彙借用についていえば、最近眼にした興味深い事例を挙げることにしよう。それは中世カムリー語の聖職者を意味する periglawr という単語である。この単語はどの場合も正確には、罪の告白を聴聞し、罪滅ぼしを告げる、心の聖職者、聴聞司祭を意味することは容易に判明する（この結論はたとえば次の論文にある。Huw Pryce, in *Lawyers and Laymen, Festschrift Dafydd Jenkins*, ed. T. Charles-Edwards et alii, Cardiff, 1986, n. 84, pp. 68-69)。しかし、告解や精神指導に関わるゲール・ラテン語、古期ゲール語の文献を一つずつ丹念に検討していくと、聴聞司祭の直面する多くの危険に言及されることがわかる。教区のなかで、また精神世界のなかでの聴聞司祭の役割は重大で、教区の人々の罪滅ぼしを一緒に行うこともありえるのである。「タロートの規律」第74節 Rule of Tallaght §74 では、司祭の仕事は「危険に満ちている」(peirioclach / periculosus) と述べられている。したがって、中世カムリー語で、「危険に立ち向かう人」(pericularius)、すなわち「ペリグラウール」(periglawr) と呼ばれたのである。

　このように、古い言語を研究する場合には、文化的背景についても一緒に研究することが求められることは想起しておくべきだろう。われわれはオウムのような動物の言語を研究しているのではなく、われわれと同じように、感覚と感情をもち、論理と良識を欲する生身の人間の言語を研究しているのである。

　ここで付け加えておきたいが、歴史言語学は現代語の研究から概念と考え方を学ぶべきだろう。たとえば、古期ゲール語の「強勢人称代名詞」(notae augentes) に関するアーロン・グリフィス (Aaron Griffith) の最近の研究が

ある (*Ériu* 58, 2008)。彼はこうした人称部分詞の用法について、たいへん詳細に研究した。彼はカムリー語の「強勢人称代名詞」についてのグウェン・オウベリ (Gwen Awbery) のペンブロークシャー現代方言に関する研究には言及していない (Echo-pronouns in Pembrokeshire Welsh, *Cardiff Working papers in Welsh Linguistics*, 6, 1990)。もしこの研究を知っていれば、とりわけ、同一文で同一の人称詞の繰り返しは不可能という、オウベリーの研究と同様の結論を見出しただろう。

　場合によっては、現代方言に関する情報がなければ、歴史言語学的証明が完結しないこともある。たとえば、ガリア語の souxtu と中世ゲール語の suacht はともに「容器」という意味であり、比較可能である (*Ériu* 51, 200, and 54, 2004)。だが、アルバ（スコットランド）・ゲール語の「坩堝」を意味する suacan との関係は説明できない。ペーダル・オ・ムラハ (Peadar Ó Maolalaigh) が私に助言してくれて、suachtan がいかにしてアルバ・ゲール語の suacan になったかを説明してくれた。彼はまた、現代ゲール語の資料研究についても大きな貢献をしている (*Ériu* 55, 2005)。

　いずれにしても、われわれが言語学的な論文で、中世の学者たちが用いた語彙を用いる前に、いかにして彼らが文書を解釈していたかを自覚すべきだろう。この点でいえば、「タリエシンの書」(Book of Taliesin) に関するマーギド・ヘイコック (Marged Haycock) の膨大な研究[7]には敬意を表したい。彼女の仕事のおかげで、以前は用いることが不可能だった古風な動詞の形が言語学者に提供されたのである。ステファン・シューマハー (Stefan Schumacher) による比較言語学研究（カムリー語動名詞、ケルト語動詞語根に関する）[8]は、マーギド・ヘイコックの文献学的研究がなければ不可能なものであった。同じような研究を、ジョン・コッホ (John Koch) が「ゴドジン」(Gododdin) について行ったが[9]、彼は写本の本文を修正しようとする傾向があり、やや信頼性に欠けるところがある。彼の「ゴドジン」についての研究は、どちらかといえば、仮説の域をでない個人的研究ということになる。膨大な編集作業である「ゴガンヴェイルズ」(Gogynfeirdd, 1282年にルウェリン王 (Prince Llywelyn) が死ぬ前のカムリーの宮廷詩歌) の史料集が完結したのは、たいへん喜ばしいことである[10]。

　非常に期待できる研究は、ファーガス・ケリー (Fergus Kelly)[11]、リアム・ブラトナッハ (Liam Breatnach) などによる、古期ゲール語法律文書に関す

るものである。この種の研究は、古期ばかりでなく、中世と現代のゲール語読解能力がなければ不可能なのである。というのも、最古の文書（7〜8世紀から）は、中世ゲール語期の注解書と注釈、さらには現代ゲール語期に入る比較的最近の写本によって受けつがれてきたからである。古期ゲール語法律文書を解釈する場合には、後になって付け加えられた部分を剥ぎ取り、古期ゲール語の部分を復元することが求められるのである。

中世ブレイス語

　中世ブレイス語文学は、その規模は小さいが研究は嘱望されている。この時期のブレイス語については、総合的な文法や辞書が未完成である。こうした文献の状況は逆説的だともいえる。ブレイス（ブルターニュ）では活字印刷が早くから導入されたので、多くの書物が保存されているが、その部数はごくわずかである。また、18世紀はじめのフランス語彙学者によって写された写本が少しある（「聖モールのベネディクト会士」（Bénédictins de Saint-Maur, ルイ・ルペルチエ師（Dom Louis Le Pelletier）による）。現代における唯一の写本は、ペン・アル・ベット（フィニステール）県ディリノン村の聖ノナ教会で発見された「聖ノナ伝」である。

　中世ブレイス語の文書のなかに、フランス語の文書が元になったものがあるなどと主張することは、長らく侮辱のように考えられてきた。1530年に、『イエス・キリスト伝』とともに印刷された、3編の宗教詩歌はそうしたものだと、私は指摘したことがある。この詩歌『聖母マリアの15の喜び』（*Pemzec levenez an Intron Maria* «Les Quinze Joies de Notre-Dame»）は、疑いなく当時の時禱書と同類のフランス語の祈禱書からの翻訳である。同じことはほかの2編の詩歌、すなわち『聖バルバ伝』『聖カテル伝』についてもいえる。さらにいえば、『イエス・キリスト伝』もまた、ジャン・ミシェルによって書かれたフランス語の『受難物語』（Angers 1486）の簡略版のように思われる。私はブレイス語版キリスト伝『ビューエス・マープ・デーン』（*Buhez Mab Den*）を研究しつつあるが、これまでのところフランス語のモデルは見当たらない。もちろんこの時期のフランス語宗教的詩歌と共通する題材も多い。

　私の同僚でロアゾン（レンヌ）大学のエルヴェ・アルビーアンは、中世ブレイス語文書のオンライン・データ集を準備中である。たとえばユーゼン・ロパ

ルス (Euzen Roparz) の「告解録」(Confessionnal) は中世ブレイス語でもっとも長い散文文書だが、これまで一度も出版されたことのない文書であり、こうした文書が含まれているようなので、たいへん喜ばしいことである。ここで、こうした文書の出版、その大半は次の時代以降（近代ブレイス語文学）だが、その出版に尽力したブレイスの学者で、最近亡くなったグウェンノレ・ルメン (Gwennole Le Menn) に賛辞を表しておきたい。

古期ブレイス語

　この時代の最後に、古期ブレイス語の注解書について指摘しておこう。これは、古期ゲール語注解書と並んで、語彙史の最初の証言をなすことの多いものなのである。フロリオは、びっしりと注解された2点の写本、1点は、アンジェのベーダ写本、もう1点は、パリのプリスキウス写本を発見し、データは少しふえた。フロリオによる1964年の学位論文を除くと、この時期に関して誰も研究していなかったので、私が1980年代にこの研究を引き継ぎ、多くの興味深い事実を見出した。第一に、古期ブレイス語の注解のいくつかは、古期ゲール語に類似するものがあることである。また、この2点の写本は古期ゲール語の注解書と類似する部分をもっているのである。
　私はこの2点の写本を調査して、その注解の解釈を訂正することになった。特に興味深かったのは、いくつかの古期ブレイス語名詞が古期ゲール語名詞と類似することであった。たとえば、「トラムグアルフェン」tramguarphenn は古期ゲール語の「終結」tarmf(h)orcend である。また「キマヒバイル」cimachibail は古期ゲール語の「コムガバイル」comgabáil である。また、フロリオの出版した版を改良した。読みを訂正し、ラテン語、ブレイス語を通じて解釈、分析などを訂正した。
　これと平行して、俗語の注解書文献学が急速に進展した。俗語の注解書はラテン語のものとは別に研究すべきこともわかったのである。したがって、研究者のなかには、俗語とラテン語のすべての注解書を一生懸命に書き写す人たちも現れた。プリスキウスのゲール語写本、「聖ガル 902」(Saint-Gall 902) の前半部はレイクロフ・ホフマン (Rijcklof Hofman) が行った[12]。ヘレン・マッケイ (Helen McKay) の校訂したのは、「ユヴェンクス」(Juvencus) の古期カムリー語写本である。マッケイは、写本と注解書の両方を出版した。

総括すると、私が古期ブレイス語に関して行った研究は、50点を超える論文に結実しており、専門誌で公刊されている。そろそろフロリオの辞書の全体を書き直す時期である。というより、注解書の写本を1点ずつ公刊すべきだろう。これは古期カムリー語について、始められていることである。まずはじめに公刊すべきデータは、間違いなく「フランス国立図書館　パリ　10290」(BNF Paris 10290) と「アンジェ図書館　477」(Angers 477) の文書である。

III.　古代碑文と比較文法

碑銘研究

　碑銘研究は歴史をもつ学問である。植物学などと同様、主にデータの集積によって、碑文の系統を区別するのである。したがって、まずデータの蓄積が重要である。2002年に私自身が最終巻の出版に携わるという名誉に与った、『ガリア碑文集』の完結は誇るべきことである。最終巻は生活用具に関する碑文集であった。

　この仕事で直面したさまざまな課題のなかで、特有な書体、すなわちラテン語草書体の使用について述べておこう。幸い、以前からこの面での専門家ロベール・マリシャル (Robert Marichal) を私は知っており、彼からこの書体について学んでいた。

　碑文集についてはガリア語ばかりではない。『イスパニア言語文書集』(*Monumenta Linguarum Hispanicarum*) のなかに、ユルゲン・ウンターマン (Jürgen Untermann) によるケルト・イベリア語碑文集がある[13]。ブレイス（ブルターニュ）の初期キリスト教碑文については、ウェンディー・デイヴィス (Wendy Davies) の主導するチームが公刊した (Celtic Studies Publications, Oakville (Connecticut)-Aberystwyth, 2000)。その後、2巻本がカムリー（ウェールズ）に関して出版された (Cardiff, 2007)。オガム碑文のついては、多くの書物があるが、最近では、ギパート (Gippert) によるオンライン・データがある[14]。

古代ケルト語の解釈の直面する諸問題

　問題のいくつかは読解面の問題にすぎない。ケルト・イベリア語における歯擦音については、フランシスコ・ヴィラール（Francisco Villar）によって最終的に解決されたが、彼は弱歯擦音が昔は歯音だったと想定したのである。これは今ではおおかた承認されている。また語末に用いられる音節文字は、単一の子音の音価を持つ場合がある（uersoniti = uersonit）。しかしケルト・イベリア語に読解の問題がなくなったわけではない。スペインのケルト語研究者が今考えているのは、有声と無声の音節文字を区別する弁別音の可能性である。ケルト・イベリア語（そしてイベリア語）の領域では、「二重体系」をもつところがあるかもしれないのである。

　分析の問題はどこにもある。ケルト語研究者が昔の極端な考え方に戻ってしまうことがあることは困ったことである。たとえば、ガリア語の与格複数は -bo という形があるのだが、対応する古期ゲール語の与格複数にひきつけられて、-bi とすることもまさにそれである。あまり使われない活用形（名詞であれ動詞であれ）が頻繁に分析しなおされるというのは、あまり実例のない言語ではよくあることである。活用語尾が現れるのはたいへん低い率（5〜10%）なのだが、こうした語形のデータは毎年増えている。

　とはいえ、碑文研究でとりわけ興味深いのは、実際のケルト人社会に関する情報である。どんな碑文でも、その名前、引用される信仰、さらには書体の良し悪し、またなんといっても自分の言語を選んだそのことによって、文化の一面をうかがうことができるのである。固有名詞学（Onomastic studies）はあまり語源学に深入りすべきではないだろう。もちろん、ガリアで発見された古名で問うべき最初の問題は、それがケルト語か否かということであるが、ガリアを支配したローマ社会での人名を通じて、ラテン語化を受けていることもあるということは重要である。この点からいうと、ローマ時代のガリアについて研究するフランスの碑文研究者のなかで、半分ガリア語、半分ラテン語の名前についての関心が高まっているように思われる。ガリア語の名前は突然捨て去られたわけではなく、ガリア語の響きに忠実だった家系もいくつかあったのである。しかしながら、いくつかの一般的なラテン語名が、一般的なガリア語名の翻訳と考えるのは問題があると思う。いくつかのラテン語名が、音の似ているガリア語の響きをまねたものと考えるのはさらに危険だろう。どちらの場合

でも、仮説は事例ごとに丁寧に証明されることが必要である。たとえば、ガリアで「セクンドゥス」（Secundus）という名前が頻繁に登場するが、それは、同じ意味のガリア語が以前多く用いられたためといった説明は、まったく的外れである。というのも、ケルト学者ならガリア語でこの名前が何を意味するかわかるからである。反対に、ガリア語の「アトレクトゥス」（Atrextus）が語源的には「期待されるもの」（*ad-drik-to-）と理解されるべきだと証明することで、「スペラトゥス」（Speratus）、「オプタトゥス」（Optatus）といった多くの名前が翻訳された名前だと解釈できる証拠を提供できたと考える。

　ガリア語、ケルト・イベリア語碑文が最近いろいろと発見されており、こうした碑文研究の将来は明るいといっていいだろう。

比較文法

　最後に比較文法について述べることにしよう。確かに古いケルト諸語の学問的研究は、印欧語族の発見以前、エドワード・ルイド（Edward Lhuyd）がさまざまなケルト語の語彙集、文法書を収集した時に、その史料を比較することではじまった。ケルト語と他の印欧語とが一族であると最初に証明したのは、フランツ・ボップ（Franz Bopp）である。さらにツォイス（Zeuss）がケルト諸語の体系的比較文法の基礎を作り、この比較文法はホルガー・ペデルセン（Holger Pedersen, 1909-1913）によって完成されたのである。

　ポコルニー（Pokorny）の辞書、ワトキンズ（Watkins）の『ケルト語動詞の印欧語起源』（*Indo-European origins of the Celtic Verb*）は前世代の最後の業績である。この2つの本はすでに言語学者の新たな世代の出現を予言していた。ヒッタイト語とトカラ語の発見は、印欧語の初期の言語と末期の言語ということで、印欧語自体の段階を見直すことにつながった。問題はいまでもそうだが、歴史音韻論に特有な法則を遵守するなかで、ケルト諸語間での発展、他の印欧語との関係を考えながら、以前の正統的な印欧語論とどう折り合いをつけるかである。だが、現在のおおかたの方向性は、より詳細な印欧語の再構築のほうに向かっている。現在では、ポコルニーの辞書に出てくる印欧語の語根と何らかの接尾辞を結び付けて、たまたまできあがるような、「偶然」の産物の語源論を信用しない。今は、シェメレニー（Szemerenyi）によって定式化された語源学の原則を厳守しなければならない（それは同一語根、接尾辞、

活用の二言語間のみの比較を許容することと、印欧語の 3 言語に見られる単語のみを印欧語とみなすことである）。さらに印欧語の動詞語根も厳選され、管理されるようになった。それはたとえば、ヘルムート・リックス著『印欧語動詞語彙集、語根と初期形成語』(Helmut Rix, *Lexicon der indogermanischen Verben, Die Wurzeln und ihre Primärbildungen*, Wiesbaden, 2001 (2nd ed.))にみられる。アルメニア語、バルト・スラブ語、ゲルマン語でも研究が飛躍的に進んだので、ケルト学もまた関心が移り、印欧語モデルで何が再構築されるか、新たな定義が必要になっている。

　ケルト語では、新しいタイプの比較文法研究が、キム・マッコンによる古期ゲール語鼻音の現在形、未来形、接続法に関する書物によって開始された (Kim McCone on the Old Irish Nasal Presents, Futures and Subjunctives, Innsbruck 1991)。この本の詳細な題名は『古期ゲール語鼻音現在形などの印欧語起源』であり、ワトキンズの書名と似ている。新たな定式は、印欧語の再構築にいくつかの段階を設定することである。再構築段階の数をいくつにするかの制限はない。著者はいろいろな仮説を立てており、必要とあれば、さらに古い段階を設定することも考えているようだ。この新たな定式は精密とはいえるかもしれないが、すでに信頼性が失われているところがあり、妥当で信頼できるものとはいえなくなっている。そうはいっても、活用形がゼロから全展開形まで段階的に変化することがなくなる場合に、段階ゼロの一般化からはじめるような、ワトキンズの法則から出発することは必要なことであった。

　マッコンの方向性のなかで、ペーター・シュライファー (Peter Schrijver)（良書である）[15]、ステファン・シューマハー (Stefan Schumacher)、ブリッタ・シュルツ・チュリン (Britta Schulze Thulin)[16]、ブリッタ・イルスリンガー (Britta Irslinger)[17]、カリン・スチューバー (Karin Stüber)[18] らの研究がある。

　ステファン・シューマハーのケルト語語根動詞に関する大部の書物は、簡単に紹介できるというものではない。ここで彼が試みたのは、1913 年にペデルセンが作成した動詞語根のリストを書き換えることであり、今回は古期カムリー語でみられるすべての動詞形を含めたのである。だが、この本には、新たに見つかったガリア語やケルト・イベリア語の多くの動詞が含まれていない。付録の解説によれば、こうした古い形態の動詞は、その意味と語源に関して不明確だということである。序章で彼は、ケルト諸語の比較文法で問題となって

いる、ほとんどすべてのことについて検討している。

ケルト諸語の分類

　ケルト諸語の系統図のなかでガリア語の占める位置はどこであろうか。ガリア語とブリトン語は同属なのだろうか。そうではなく、島嶼ケルト語という範疇を認めるべきだろうか。近年の研究者の多くは、島嶼ケルト語という分類に好意的なようだが、私は間違いだと思う。レオン・フロリオ（Léon Fleuriot）[19]、カール・ホルスト・シュミット（Karl Horst Schmidt）[20]、それに私[21]はガリア・ブリトン語派という主張である。その共通する特徴（改新部分）は、取るに足らないとか重要でないと見られるような事項である。不確定なのは、実は島嶼ケルト語の共通の特徴といわれるもののほうである。たとえば、絶対屈折（absolute inflection）といったものはブリトン語ではほとんど例がない。より重要なことは、たとえば、無音の唇軟口蓋音／kw／があるので、島嶼ケルト語を起源的に一派とみなすべきだと主張されていることである。これはおそらく基層によるもので（それが印欧語かそうでないかは議論があるが）、音としては非現実的な単位である。

　アルプス以南のガリア語とレポント語との関係も不確定である。この2言語は、アルプス以北のガリア語とは、地理的にも年代的にも遠く離れているので、2つを区別する必要はないと主張する研究者もある。今では、レポント語が、アルプス以南のガリア語の単なる古い形だと考える学者もいる。われわれのこの2言語についての知識は限られており、ガリア語の一部分が変化したものか、ガリアからの借用か、両言語の共有する基層かを判断するのは難しいので、解決の困難な問題である。

　また、ルシタニア語やリグリア語といった隣接する言語が、ケルト語ではないかという議論があり、これによってケルト諸語の定義も変わるといった主張もある。私には、こうした方向で状況が良くなるとはとても思えない。

　印欧語のなかでのケルト語の位置については、比較言語学の新文法派のなかで、「イタリア・ケルト語派」を支持する研究者はいまでは誰もいないだろう。カール・ホルスト・シュミットの仮説によれば、ケルト語は印欧語のなかで、西方的というよりも、むしろ東方的言語とつながりが深いという（*Celtic, a Western Indo-European language*, 1996）。しかしながら、この主張を支える証拠

の多くは、ガリア語とケルト・イベリア語の動詞形から来ている場合がほとんどで、確かな分析とはいえない。ここで指摘したほかの課題と同様、これについてもまだ未解決といっておいたほうがいいだろう。

　結論的にいうと、私はケルト学、とりわけケルト言語学がこのまま生存し続けることがたいへん重要なのだと主張しておきたい。古典研究の付録か自由選択のレベルの学問としか見られないかもしれないが、研究方法にしても、研究者の養成レベルでも、いまや創案と革新の核を形成しているのである。ケルト学はあらゆる点で有望な観点を提供している。たとえば、比較文法学では、ほかの印欧諸語とはかなり異質なケルト諸語を研究することで、新たな印欧祖語再構築モデルの提示に至ったのである。私の個人的経験をいうと、私は古典学の学生だったのであり、文献学研究に没頭するはずだったが、フランス語とはまったく異なり、活字言語だけではまったく不十分なゲール語という、失われつつある言語を見出し、これに感動して学ぶ気になったのである。音声学はただ音から学んだだけだが、忘れることのできない経験であった。

本稿の原文は以下に所収。LAMBERT, Pierre-Yves, "Celtic Languages: Twenty years of Linguistic Studies, 1989-2009", *Celtic Forum*, N. 13, 2010: 2-11.

訳注

1. Jean Le Dû, *Nouvel atlas linguistique de la Basse-Bretagne*, CRBC, Brest, 2001, 2 vol.
2. Francis Favereau, *Geriadur Ar Brezhoneg a Vreman*. Morlaix, Skol Vreizh, 1992.
3. Yvon Evenou, *Description phonologique du breton de Lanvénégen* (canton du Faouët, Cornouaille) / *Studi fonologel brezhoneg Lanijen* (kanton ar Faoued, Kernev). Klask, 1, pp. 17-55.
4. Herve Ar Bihan, Ian Press, *Colloquial Breton*. Routledge, 2003.
5. Rolland Pascal, *Atlas linguistique de la région de Pontivy*. Emgleo Breiz, 2000.
6. Patrick Le Besco, *Le breton de Belle-Ile-en-Mer, corpus: Phonologie, lexique, texts*. Emgleo Breiz, 1998.
7. Marged Haycock, *Legendary Poems from the Book of Taliesin*. CMCS Publications, 2007.
8. Stefan Schumacher, *The Historical Morphology of the Welsh Verbal Noun* (Maynooth Studies in Celtic Linguistics). SOS Free Stock, 2000.
9. John T Koch, *The Gododdin of Aneirin: Text and Context from Dark-Age North Britain*.

A Text from Dark-Age North Britain. Historical Introduction, Reconstructed Text, Translation, Notes. Cardiff, University of Wales Press, 1997.
10 John T. Koch, John Carey (Eds.), *The Celtic Heroic Age: Literary Sources for Ancient Celtic Europe and Early Ireland and Wales*. Celtic Studies Publications, 2003.
11 Fergus Kelly (Ed.), *A Guide to Early Irish Law*. Dublin Institute for Advanced Studies, 1988.
12 Rijcklof Hofman, *The Sankt Gall Priscian commentary* (Studien und Texte zur Keltologie). Münster, Nodus Publikationen, 1996, 2 vols.
13 Jurgen Untermann, *Die Inschriften in Iberischer Schrift in Sudfrankreich* (Monumenta Linguarum Hispanicarum). Reichert Verlag, 1980.
14 http://ogham.lyberty.com/links.html
15 Peter Schrijver, *Studies in the History of Celtic Pronouns and Particles* (Maynooth Studies in Celtic Linguistics). Maynooth, National University of Ireland, 1997.
16 Britta Schulze-Thulin, *Studien zu den urindogermanischen o-stufigen Kausativa, Iterativa und Nasalpräsentien im Kymrischen* (Innsbrucker Beiträge zur Sprachwissenschaft), 2001.
17 Britta Sofie Irslinger, *Abstrakta mit Dentalsuffixen im Altirischen* (Indogermanische Bibliothek. Dritte Reihe). C. Winter, 2002.
18 Karin Stüber, *Historical Morphology of n-Stems in Celtic* (Maynooth Studies in Celtic Linguistics). Maynooth, National University of Ireland, 1998.
19 Léon Fleuriot, *A dictionary of Old Breton / Dictionnaire du Vieux Breton*. Toronto, Prepcorp Limited, 1985.
20 Karl Horst Schmidt, *Celtic: A western Indo-European language?* (Innsbrucker Beiträge zur Sprachwissenschaft), 1996.
21 Pierre-Yves Lambert, Georges-Jean Pinault et al., *Gaulois et celtique continental*. Paris, Droz, 2007.

〈ケルト諸語による要旨〉

1 Breizh, azginivelezh ur yezh hag ur sevenadur ········· 158
　Tangi LOUARN

2 Y Gymraeg yng Nghymru ································· 163
　Meirion PRYS JONES

3 Kernewek ··· 165
　Wella BROWN

4 An Ghaeilge in Éirinn ···································· 166
　Neasa Ní CHINNÉIDE

5 A' Ghàidhlig ·· 168
　Robert DUNBAR

6 Yn Ghailckagh ··· 171
　Brian STOWELL

7 A' Ghàidhlig ann an Alba Nuaidh ······················ 172
　Robert DUNBAR

8 I wlad sydd well ··· 174
　Meirion PRYS JONES

1

Breizh, azginivelezh ur yezh hag ur sevenadur

Tangi LOUARN

Ul ledenez 34,023km² e kornog pellañ kevandir Eurazia a-dal d'ar mor bras Atlantel ez eo Breizh pa reer dave d'an ensavadurioù politikel a zo bet savet eus an navet kantved goude Jezuz Krist betek derou an amzer vremañ er 21añ kantved. 4,5 milion a dud a zo o vevañ enni. Goude bezañ bet ur Rouantelezh, hag un Dugelezh dizalc'h ez eo deut da vezañ ur vro emren stag ouzh Rouantelezh bro-C'hall e 1532 goude brezelioù padus etre an div vro. E 1789 gant an Dispac'h bras he deus kollet hec'h emrenerezh hag ez eo bet rannet etre pemp departamant gall. E 1941, e-pad an eil brezel bed, ez eo bet savet rannvroioù gant Gouarnamant bro C'hall dindan ren Alamagn an Trede Reich, ha disrannet bro Naoned (departamant al Liger Atlantel hiziv an deiz), an hini binvidikañ, diouzh rannvro Breizh. En Naoned, kêr-benn kozh ar vro, emañ Kastell Duged Breizh. Daoust m'eo bet dalc'het an disrann-se abaoe gant holl gouarnamantoù Pariz, ha daoust d'ar bruderezh ofisiel, daoust d'an dud deut a-ziavaez, e kendalc'h lod vrasañ tud Bro Naoned d'en em santout Bretoned, ha da c'houlenn bezañ adliammet gant ar rannvro orin.

Orin hag istor

Ar bobl he deus bevet el ledenez-se er ragistor eo he deus savet ar peulvanoù, mein-hir, taolioù-mein ha kernioù adalek ar bloavezhioù 4600 araok Jezuz Krist, hag a gaver ken stank e kement lec'h a zo er vro, 2 000 bloaz araok piramidennoù Ejipt. Roudoù kentañ buhez tud betek 500 000 bloaz araok JK a zo bet kavet nevez zo e 1985 en ur vougev el lec'h anvet Menez Dregan e penn pellañ kornog ledenez Vreizh.

Ar Gelted, ledet war Europa a-bezh o deus degaset o sevenadur hag o yezhoù, a orin indez-europek, adalek fin an eil milved araok JK. Aloubet e voent d'o zro gant ar Romaned, o yezh hag o sevenadur. Ledenez Vreizh a vremañ a oa anvet neuze An Arvorig (bro ar mor) er yezh kelt. War vor e voe trec'het pobl kelt ar Wenediz, e kreisteiz an Arvorig gant lejionoù Julius Kaezar e 56 araok JK.

Dalc'het e voe avat bepred darempredoù stank etre ar pobloù kelt a bep tu d'ar mor, etre ledenez An Arvorig er c'hreisteiz hag enezenn Vreizh (Breizh Veur) hag Iwerzhon en hanternoz a-hed renad ar Romaned betek ma kouezhas en e boull e 476 goude JK.

Gant diskar a nebeudoù an impalaeriezh roman, e-pad ar pevare ha pempvet kantved e tilestras Bretoned niverus, frammet en arme roman alies, d'en em ziazezañ en Arvorig, bountet ma oant gant ar Bikted, Skosed, Saozon, Angled pe Juted. Dont a reont gant o yezh, tost eus yezh Kelted al ledenez na oant ket bet romanekaet penn-da-benn. Diwar neuze eo bet roet lañs d'ar brezhoneg, tost eus kembraeg ha kerneveg enezenn Breizh Veur, ha deut eo an Arvorig da vezañ Breizh, pe Breizh vihan. Ur bern anvioù lec'h boutin a zo e Breizh hag e Kembre.

Goude an impalaerouriezh roman avat eo chomet daouhanteret ar vro gant ur yezh keltiek er c'hornog hag ur yezh romanek, kar d'ar yezh c'hallek a-vremañ, ar gallaoueg er Reter. Pennoù ar vro, an duked, o chom e reter Breizh a gomzas avat latin ha romaneg, pe galleg kentoc'h eget brezhoneg.

Chomet eo eta ar brezhoneg yezh ar bobl ha yezh an Iliz ivez e-pad kantvedoù ha betek kreiz an ugenvet kantved e kornog ar vro. Ur gwir sevenadur pobl dezhi hec'h unan a zo bet dalc'het gant ar c'hoariva, ar c'han, an dañs, ar festoù, ar pardonioù, ar gwiskamantoù, an doareoù da vevañ.

Roudoù skrivet eus ar brezhoneg a gaver e dornskrid Leyde diwar-benn ar vedisinerezh eus an eizhvet kantved. Ar c'hatolion, kentañ geriadur brezhoneg, latin ha galleg, skrivet e 1464 gant Jehan Lagadeuc, a zo ivez ar c'hentañ geriadur galleg.

Ur vro binvidik eo bet Breizh er 16vet ha 17vet kantved da vare an emrenerezh, evel m'hen diskouez ar savadurioù niverus evel an ilizoù, ar c'halvarioù, ar c'hastellioù, an oberennoù arzel.

Un diskar

Faezhet eo bet ar vro avat, ur wech kollet ganti pep galloud politikel gant brezelioù Rouantelezh bro C'hall, an Dispac'h bras (daoust ma z eo bet ar Vretoned er penn anezhañ), brezelioù Napoleon hag ar brezel 1914/1918.

Met un emsav a zo savet tamm ha tamm adalek an 19vet kantved evit difenn ar yezh hag ar sevenadur pobl. E Breizh hag e lec'h all.

Ideologiezh ar Republik unvan, prantad an trevadennerezh dindan renad ar vourc'hizion impalaerour hag ar Stad kreizennet a zo bet o kas war-raok ur stourm a-enep ar brezhoneg koulz hag a-enep da holl yezhoù ar pobloù dindan gouarn ar Stad ha zoken en trevadennoù evit lakaat ar galleg en o flas hag astenn galloud an impalaerouriezh c'hall.

Gwallzibaboù noazus zo bet graet gant ul lodenn eus renerien an emsav politikel ha sevenadurel breizhek, evel ar bras eus galloudoù ar stad c'hall, oc'h en em glevet gant an alouber alaman da geñver an eil brezel bed, tra ma yae ul lodenn all ha kalz Bretoned kar o yezh hag o bro eus kostez ar Rezistañs.

Un azginivelezh

Un emsav ekonomikel ha sevenadurel nerzhus, o lakaat an holl da labourat asambles hag o vodañ an holl bolitikerien dindan renerezh ar ministr breizhat René Pleven e-barzh ar CELIB (Kuzul evit difenn interestoù ar Vretoned) a vo savet e Breizh neuze adalek kreiz an 20vet kantved evit sachañ digant ar Stad kreiz ur steuñv da ziorren ar vro : labour-douar, industriezh boued, sevel bigi, elektronek, sevel kirri, kehentiñ gant ar «Brittany Ferries» pe «Brit Air», kelaouiñ, embann, servijoù evel ar bankoù gant Kef Kengredit Breizh, ar gourvarc'hadoù, ar c'hooperativoù, ar skolioù meur, an enklaskerezh, a gas neuze an ekonomiezh war-raok. Al label «Produet e Breizh» a ra berzh e pep lec'h.

An emsav sevenadurel a zo en em frammet : da gentañ evit dastum herezh sevenadurel ar bobl war bep tachenn : lennegezh dre gomz, kan, dañs, sonerezh, hengounioù a bep seurt evel ar gouren, ar c'hoarioù, an arzoù ; met ivez o labourat da vodernaat ar yezh, da sevel ul lennegezh nevez e brezhoneg, da grouiñ doareoù seniñ pe dañsal nevez gant ar bagadoù, ar c'helc'hioù keltiek pe ar festoù noz. .

Ur rummad arzourien nevez a zo deut war al leurenn, kaset war-raok gant berzh ar c'haner ha soner Alan Stivell, hollvrudet gant e sonadeg veur e Paris e 1972, met ivez kantadoù a arzourien hag arzourezed all da c'houde, en o zouez kanerien pobl hengounel evel ar C'hoarezed Goadeg, pe ar Vreudreur Morvan, ha reoù yaouank ha modern evel Nolwenn Korbell. Ar festoù noz a zo deut da vezañ ur fed kevredigezhel. Deut eo Breizh da vezañ bro ar gouelioù hag ar festivalioù. Ar Cyber-fest noz a vod Bretoned ha tud all war an douar a-bezh dre internet.

Ar brezhoneg avat a oa war e dalaroù rak ne felle ket mui d'an dud treuzkas er gêr d'o bugale ur yezh disprizet n'he doa plas ebet er skol, er media nag er vuhez ofisiel, dic'houest da lakaat da grapat er skeul sokial. Tud yaouank avat, eus remziad emsavadegoù 1968/1970 hag ar bloavezhioù war-lerc'h, levezonet gant emsavioù evel Kembre ha bro Euskadi, ha bodet endro d'un aozadur evel Skol An Emsav, o deus fellet dezho kenderc'hel da vevañ dre o yezh er bed a-vremañ, ar pezh a dalv kement hag adlakaat ar brezhoneg war gement tachenn eus ar vuhez kevredigezhel a zo. Unan eus ar stourmoù pennañ a zo bet sevel ar skolioù noz brezhoneg a youl vat evit an dud deut da gentañ, met dreist-holl skolioù brezhoneg boutin evit o bugale, ar skolioù Diwan adalek 1977, da gaout ur gwir stummadur hollek en o yezh kenkoulz hag e galleg.

Berzh o deus graet ar skolioù-se, laik ha digoust evit ar familhoù, dre ma z int bet sikouret da gentañ gant tud ar vro, an emsav sevenadurel en e bezh ha buan a-walc'h gant ar galloudoù lec'hel daoust d'an diaesterioù lezennel hag an unyezhegezh ofisiel. D'o heul eo deut ar chlasoù divyezhek savet gant ar stad adalek 1982 ha gant ar skolioù katolik adalek 1990. Hag e 2011 e vez skoliataet ur 14 000 bennak a vugale hag a dud yaouank eus ar skol vamm betek ar vachelouriezh, dre an teir hentenn divyezhek-se, Diwan, Publik ha Katolik, hag a gendalc'h da greskiñ a vloaz da vloaz.

Un dazont da sevel c'hoazh

Kement-se, avat, n'eo bet posubl nemet dre ur youl hag emganoù start o deus talvezet da gaout da gentañ ur «Garta sevenadurel» oc'h anavezout personnelezh sevenadurel Breizh he femp departamant digant prezidant Republik bro Frañs, Valery Giscard d'Estaing, e 1977, ha da eil an «digreizennañ ensavadurel» o reiñ un nebeut galloudoù d'an ensavadurioù lec'hel ha d'ar c'huzulioù rannvro mod nevez, dilennet war eeun gant ar bobl a zo deut war lerc'h trec'h François Mitterrand da brezidant Republik bro Frañs evit an tu kleiz e 1981.

Tra ma oa war-dro ur milion a vrezhonegerien a gozh e penn kentañ an ugentvet kantved, ne chom nemet war-dro 200 000 brezhoneger hiriv an deiz. Ha war zigresk ez aio c'hoazh abalamour ma z eo oadet lod vrasañ ar vrezhonegerion-se. Met gwelout ha, dreist-holl, klevout a reer ur rummad brezhonegerien yaouank o kenderc'hel da grouiñ en o yezh, ar brezhoneg, er gêr, er vuhez pemdez, war ar media, er skingomz, er skinwel, internet , war al leurennoù, ha da c'houlenn doujañs evit o yezh, doujañs evit o gwirioù sevenadurel ha doujañs evit ul lodenn eus eztaol ha pinvidigezh sevenadurel an denelezh asamblez gant holl yezhoù ha sevenadurioù ar bed, bras ha bihan.

Salv ma ne zeuimp ket en-dro d'ar bed kozh a waskerezh, ha ma vo kendalc'het war hent ur bed a zoujañs evit pep hini, pep pobl, pep sevenadur, pep yezh, hag a geneskemm kenetrezo, evit ur bed liesgomz, liesgan, liesliv, liessantadur.

2

Y Gymraeg yng Nghymru

Meirion PRYS JONES

Iaith Geltaidd yw'r Gymraeg, sy'n perthyn yn agos i'r Gernyweg a'r Llydaweg. Mae'r Gymraeg a siaradir heddiw wedi datblygu o'r chweched ganrif.

Hyd at ganol yr 19eg ganrif, roedd rhan fwyaf o boblogaeth Cymru'n medru siarad Cymraeg – dros 80%. Dros y canrifoedd diwethaf mae sawl ffactor wedi effeithio ar ddefnydd pobl o'r Gymraeg – dyma rhai o'r ffactorau mwyaf blaenllaw:

- Deddfau Uno 1536 a 1542: y deddfau yma wnaeth uno Cymru a Lloegr, a gwneud Saesneg yn iaith cyfraith a gweinyddiaeth Cymru. Er na chafodd yr iaith ei gwahardd gan y ddeddf, arweiniodd hyn at ddirywiad y Gymraeg am ganrifoedd.
- Cyfieithu'r Beibl 1588 gan yr Esgob William Morgan: Bu hyn yn hwb mawr i'r iaith oherwydd sicrhaodd mai'r Gymraeg oedd iaith crefydd ac addoli, a chadwodd y Gymraeg yn fyw o fewn cymunedau.
- Chwyldro Diwydiannol 18-19 Ganrif: Dyma achosodd y gwymp fwyaf mewn siaradwyr Cymraeg oherwydd y mewnlifiad anferth o bobl i'r ardaloedd diwydiannol. Cwympodd nifer y siaradwyr Cymraeg i 50% o'r boblogaeth.

Parhaodd y gostyngiad hyn drwy'r Ugeinfed Ganrif am sawl rheswm, er enghraifft patrymau ymfudo o ardaloedd gwledig i ardaloedd trefol i chwilio am waith, mewnlifiad siaradwyr Saesneg i ardaloedd gwledig, mwy a mwy o gyfryngau newyddion ac adloniant, drwy gyfrwng y Saesneg a datblygiad cymdeithas sy'n gyffredinol yn fwy seciwlar, yn arwain at leihad dylanwad y capeli - canolbwynt llawer o weithgareddau Cymraeg traddodiadol.

Heddiw, mae tua 600,000 o bobl neu 20.8% o boblogaeth Cymru'n dweud eu bod yn gallu siarad Cymraeg, a oedd yn gynnydd ers y deng mlynedd blaenorol. Mae'r ffigwr yma'n codi i 40.6% ymysg pobl ifanc 5-15 oed. Mae twf addysg Gymraeg a chynnydd yn yr ymdeimlad o Gymreictod ers i Gymru ennill ffurf ar hunanlywodraeth i gyfrif am hyn.

Mae cenedligrwydd Cymru ynghlwm i raddau helaeth iawn wrth ei diwylliant, ac mae hyn yn arbennig o wir o safbwynt hunaniaeth ieithyddol cenedl y Cymry.

O'r Eisteddfod Genedlaethol i'r wŷl gerdd dant; o ganu caneuon Cymraeg mewn torf gêm rygbi i fwynhau hip-hop trwy gyfrwng y Gymraeg, o'r ffermwyr ifanc i'r mentrau iaith – mae'r diwylliant Cymraeg ei iaith yn rhywbeth bywiog, ffres ac ifanc.

Kernewek

Wella Brown

"Tus Kernow, prag a's tevia dyski Kernewek?" Hemm o govynn Henry Jenner, Tas an Dasseghynas dell y'n hynwir. Hag ev y honan a worthebis dhe'n keth govynn na yn unn leverel, "Drefenn i dhe vos Kernowyon." Wosa Jenner dhe dhyllo y *Handbook of the Cornish Language* y'n vlydhen 1908 yndella ow kul may tassaffa an yeth, Kernewek re devis, megys dell re beu hi gans lies hag a gar aga thaves. Ytho oll an re hag a gar an yeth a vydh pes da ow kweles an studhyans a hol. Rann yw a'n deriva a veu gwrys gans Professor Ken McKinnon a-barth an Governens Predennek (yma gwir pryntyans Derivas EKOS/SGRUD gans an keth governans na) An hwithrans gwrys gans Professor McKinnon yw an ledenna ha'n skiansekka re beu gwrys bys an kas dredho may kemmerer Kernewek a-ji an Chartour Europek mes tus Kernow a vynn pup-prys gorthebi dhe wovynn Henry Jenner. "Ni a gews Kernewek drefenn ni drefenn ni dhe vos Kernowyon."

4

An Ghaeilge in Éirinn

Neasa Ní Chinnéide

Tá an Ghaeilge in Éirinn ag cor cinniúnach; ag deire na bliana 2011 foillsiodh an *Straitéis 20 bliain don Ghaeilge*. Ins an gcáipéis seo measadh nach raibh fágtha ag an teanga ach saolré gairid muna gcuirfí na céimeanna a moladh ins an stráitéis i bfheidhm gan mhoill.Tá an teanga á labhairt imeasc comhluadair ins na priomh- Ghaeltachtai in iarthar na tire, sin Gaillimh, Tír Chonaill agus iarthar na Mumhan, maraon le Rinn O gCuanach ins na Déise agus Ráth Chairn na Mí, agus dul- chun -cinn mhaith déanta i mBéal Feirste le cuidiú ón bFhoras treas- teorann a bunaíodh mar chuid de Chomhaontas Aoine an Chéasta, comhaontas a síniodh sa bhliain1998 agus a tháinig i bfheidhm sa bhliain 1999. In ainneoin seo, tá líon na gcainteoiri ag dul i léig i gcoitinne.

Tá an Straitéis thuasluaite bunaithe ar thaighde a dhein *Acadamh na hOllscolaíochta Gaeilge* sa Ghaillimh le faomhadh o *FIONTAR*, aonad soctheangeólaíochta in Ollscoil Chathair Bhaile Átha Cliath. Bunaíodh an taighde ar 152 aonad toghacháin ag a raibh stádas Gaeltachta, roinnte i dtrí chatagóir, A, B, agus C. Deineadh measúnú ar líofacht na Gaeilge agus a h'úsáid ar bhonn laethúil. Ba mhór an stad a bhain na tuairiscí as alán nuair a deineadh measúnú ar na torthaí.

Go dtí an b'poinnte sin, bhí staid na Gaeilge fágtha go príomhdha i lámha an scoil-chórais agus na gcomhluadar iad féin. Tugadh faoi n'deara iargúltacht thíreólaíoch na bpríomh- phobal teanga; ba bheag áird a tugadh ar na sainriachtnais a bhí acu ar bhonn treas-rannógach riaracháin, áfach. Níor tugadh mórán áird ar an d'tionchar a bhí ag tionsacal na turasóireachta- seachas i gcás dhaltaí a fhreastal ar chursaí samhraidh Gaeilge a bunaíodh ins na seascadaí agus a raibh páirt nach beag acu in athmhúscailt spéise imeasc na n'óg i leith na teanga. Bhi trasnaíl idir aidhmeanna i gcaitheamh na tréimhse , idir aidhmeanna geárrthéarmacha agus fadthéarmacha, géilleagracha agus cultúrtha.

Tugann *Acht na dTeangacha Oifigiúla* aghaidh ar na ceisteanna seo; tá treoir agus tacaíocht ar fáil ó Oifig an Choimisinéara Teanga agus an Roinn Gnóthaí Pobail, Tuaithe agus Gaeltachta. Tá tréan- iarracht ar bun ag an Chomhairle um Oideachas Gaeltachta agus Gaelscolaíochta (COGG), chun tacaíocht ar leith a thabhairt do dhaltaí óga ins na Gaeltachtaí mar a bfhuil an teanga is líofa le cloisteáil. Is tabhachtach an obair chaomhnaithe í seo, agus tá curaclam speisialta ar fáil a oireann do shaibhreas teanga na ndaltaí. Le h'ais na h'oibre seo, tá teagasc tré Ghaeilge le fáil do dhaltaí triú leibhéal in Ollscoil na nÉireann Gaillimh ar bhonn córasach i ndámhanna áirithe, dul –chun –cinn thábhachtach a thógann ar an dúshraith a bhi san Ollscoil cheana féin.

Ní ins na h' institúidí léinn amháin atá an Ghaeilge á cur chun cinn; tá seirbhísí craolacháin raidio agus teilfíse ar árd chaighdeán ar fáil in Éirinn- agus ar fud na cruinne ar sheirbhísí satalaíte. Tugann Rialtas na hÉireann cuidiú do shaíocht na Gaeilge i raon ollscoileanna iasachta , agus tugaimíd faoi deara an spéis atá ins an tSeapáin i saíocht na sean-Ghaeilge, go speisialta. Feictear an toradh atá ag craolachán saitilíte ar na meáin shóisialta, msh. Twitter agus Facebook , mar a nochtann an Diaspora Gaelach a gcuid smaointe- cor eile ar an mbothar atá siúlta ag pobal na hÉireann agus a dteanga leis na cianta. Ní fios cad atá romhainn agus sinn ag breathnú ar staid an t'saoil in am seo na cinniúna. Bímís dóchasach go seasfhaidh an teanga Ghaeilge an fód mar chuid tabhachtach d'ar gcultúr de thairbhe na h'oibre atá idir lámha ag an Stát, teangeólaithe agus- na daoine is tabhachtaí- na pobail teanga iad féin, idir shean agus nua, in Éirinn agus in imigéin.

Crioch.

5

A' Ghàidhlig

Robert DUNBAR

'S e cànan cheilteach a tha anns a' Ghàidhlig, agus tha dlùth-cheangail aice ri Gàidhlig na h-Èireann agus ri Gàidhlig Eilean Mhanainn. Thathas dhen bheachd gun do thàinig i air bilean Ghàidheal Èireannach a thuinich ann an Alba bhon 4mh linn AD. 'S e 'Scotti' a thug na Ròmanaich orra, agus 's ann air sàilleabh sin a fhuair an dùthaich 'Scotland' mar ainm anns a' Bheurla agus ann an cànanan eile. Beag air bheag, fhuair rìoghachd nan Gàidheal seo, agus an cànan, smachd air a' mhòr-chuid dhen dùthaich. Gidheadh, eadar mu 1070 AD agus an darna linn deug chuir rìghrean na h-Alba romhpa an Fhraingis Normanach seach a' Ghàidhlig a chleachdadh mar chànan na cùirte, thagh iad Dùn Èideann, baile anns an robh a' Bheurla Ghallta ga bruidhinn seach a' Ghàidhlig aig an àm, mar phrìomh-bhaile, agus chaill a' Ghàidhlig buaidh air a' Ghalltachd.

Thar nan linntean, bha e doirbh do riaghaltasan—an toiseach, riaghaltas na h-Alba agus, as dèidh aonadh rìoghachd na h-Alba agus rìoghachd Shasainn ann an 1603, riaghaltas Bhreatainn—smachd phoilitigeach a chumail air a' Ghàidhealtachd, agus lean iad poileasaidhean a bha an aghaidh na Gàidhlig mar phàirt dhen iomairt aca an cuid cumhachd a neartachadh. Bha an iomairt seo na bu deatamaiche san 18mh linn, nuair a thug cuid mhath dhe na cinnidhean Gàidhealach taic dha na rìghrean Seumasaich, a chaill an grèim air crùn Bhreatainn ann an 1688. As dèidh Chulodair, am blàr a thug na cogaidhean Seumasach gu crìch, thàinig atharrachaidhean mòra sòisealta agus eaconamach air a' Ghàidhealtachd, agus dh' fhalbh miltean de Ghàidheil, cuid len toil-fhèin agus cuid an aghaidh an toil, gu h-àraidh sa chiad leth dhen 19mh linn. Thug meadhanan-siubhail agus -conaltraidh ùra, leithid nan rathaidean-iarainn agus nam bataichean-smùide, barrachd Beurla dhan a' Ghàidhealtachd, mar a thug sgoiltean na stàite, a thàinig a-steach fo Achd an Fhoghlaim 1872, anns nach deach ach a' Bheurla a chleachdadh. Is beag an t-ioghnadh, ma-tà, gun do chrìon a' Ghàidhlig fiù 's air a' Ghàidhealtachd, agus anns an 20mh linn, thuit àireamhan luchd-labhairt na Gàidhlig gu mòr, bho timcheall air 250,000 ann an 1891 gu dìreach beagan nas motha na 58,000 ann an 2001.

Ged nach eil teagamh sam bith ann nach eil a' Ghàidhlig ann an cunnart, tha poileasaidhean riaghaltasan air atharrachadh thairis air a' ghinealach mu dheireadh. Thòisich foghlam tro mheadhan na Gàidhlig ann an 1985 le taic bho riaghaltasan nàiseanta, roinneil agus ionadail, agus ann an 2011 bha 2,256 sgoilearan a' faighinn an cuid foghlaim tro mheadhan na cànain ann an clasaichean ann an 58 sgoiltean Beurla agus 2 sgoil Ghàidhlig; gu mi-fhortanach, chan eil foghlam tro mheadhan na Gàidhlig idir cho cumanta aig ìre na h-àrd-sgoile. Is cinnteach nach eil na h-àireamhan seo àrd gu leòr gus stad a chur air crìonadh na cànain, agus tha teagamhan ann mu chomasan cànanach co-dhiù cuid a sgoilearan seo anns a' Ghàidhlig. Gu fortanach, tha àite nas susbaintiche aig a' chànain anns na meadhanan dealantach. Tha BBC Ràdio nan Gàidheal ri fhaighinn fad mu 92 uairean gach seachdainn, agus tha BBC ALBA, seirbhis digiteach telebhisein a chaidh a chruthachadh ann an 2008 le taic riaghaltas na h-Alba agus riaghaltas Bhreatainn, a' craoladh eadar mu 17:00 is 23:30 gach latha, agus bho 2011, tha i ri fhaighinn air feadh Alba.

Coltach ri mòran mhion-chànanan eile, chaidh a' Ghàidhlig a chleachdadh san dachaigh, ach cha b' ann ann an suidheachaidhean làitheil eile, agus gus bho chionn goirid, cha robh poileasaidhean aig buidhnean poblach, saor-thoileach no prìobhaideach a thaobh cleachdadh na Gàidhlig ann an bhith a' toirt sheirbhisean do luchd-labhairt na cànain; gu dearbh, thathas dhen bheachd gun do chuir seo ri crìonadh na cànain. Gidheadh, fo Achd na Gàidhlig (Alba) 2005—achd Pàrlamaid na h-Alba—thathas an dùil gun atharraich seo. Chruthaich an achd seo buidheann planaidh-cànain, Bòrd na Gàidhlig, aig a bheil a' chumhachd iarraidh air buidhnean poblach ann an Alba planaichean Gàidhlig a chruthachadh a chuireas an cèill ciamar a tha iad a' dol a chleachdadh na Gàidhlig ann an solarachadh sheirbhisean dhan t-sluagh agus ann an obair làitheil nam buidhnean.

A thoradh nan leasachaidhean seo, tha a' Ghàidhlig a' faighinn barrachd taice na bha i riamh roimhe, agus tha iomhaigh agus inbhe na cànain cuideachd a' dol am feabhas. Aig a' cheart àm, thathas an dùil gun nochd toraidhean cunntas-sluaigh Bhreatainn, a thig a-mach aig deireadh 2012, barrachd crìonaidh, gu h-àraid anns na beagan sgìrean far a bheil a' chànan fhathast cànan na coimhearsnachd. Bidh a' chànan a' crochadh, gu ìre nach beag, air dè cho soirbheachail agus bhios na leasachaidhean ann am foghlam agus craoladh, agus a bhios poileasaidhean Bòrd na Gàidhlig, thairis air na beagan bhliadhnaichean ri teachd.

6

Yn Ghailckagh

Brian STOWELL

　Ta Chengeyderyn cumaadagh dy mennick gra dy vel y Ghaelg, chengey ghooie Ellan Vannin, "marroo" ny "anvio" as ad coontey dy dooar ee baase ec y traa cheddin as y shenn loayrtagh dooghyssagh s'jerree ayns 1974. Agh ta'n meenaghey shoh jeh baase chengey ro choon, er yn oyr erskyn ooilley dy row rieau sleih ayn dynsee yn Ghaelg dy flaaoil myr y nah hengey oc. Ayns ny feed ny jeih as feed blein hie shaghey er y gherrid, ta'n chengey er ny aavioghey dy mooar, son y chooid smoo lesh cooney argidoil veih Reiltys Ellan Vannin. T'ee goll er ynsaghey ayns ny scoilyn, as, ny smoo scanshoil foast, ta gleashaght possan-cloie Gaelgagh ayn. Ayns 2002, hie ny fraueyn jeh bunscoill Ghaelgagh er cuirr. Hoilshee yn coontey-pobble s'jerree dy vel yn earroo dy Ghaelgeyryn er nirree dy mooar, as keeadane mooar jeu shid nuy bleeaney jeig dy eash as ny sloo.

7

A' Ghàidhlig ann an Alba Nuaidh

Robert DUNBAR

Chan eil fios againn le cinnt, ach thathas an dùil nach eil ach beagan cheudan de luchd-labhairt na Gàidhlig air fhàgail ann an Alba Nuaidh, a' mhòr-chuid aca nam bodaich agus nan caillich. Ann an dòigh, tha seo na cùis ioghnaidh, oir thathas dhen bheachd gun robh is dòcha 80,000 dhiubh anns a' mhòr-roinn seo bho chionn beagan agus ciad bliadhna. Ri linn nan atharrachaidhean mòra sòisealta is eaconamach a thachair air a' Ghàidhealtachd eadar meadhan na 18mh agus deireadh na 19mh linn, chuir mìltean de Ghàidheil an cùil ri Alba agus an aghaidh ri dùthchannan cèine, agus eadar 1773 AD agus meadhan na 19mh linn, b' e taobh an ear-thuath Alba Nuaidh an t-àite a bu tharrangaiche dhaibh. Gu math tric, thigeadh grunn theaghlaichean agus fiù 's coimhearsnachdan le chèile, agus thuinicheadh iad anns an aon àite, ag ath-thogail choimhearsnachdan air taobh eile a' chuain. Air sàilleabh sin, mhair dualchainntean ann an Alba Nuaidh a chaidh à bith san t-seann-dùthaich. Thug iad leotha dìleab phrìseil de dh'òrain, sgeulachdan agus beul-aithris eile, ceòl, agus dannsa. Gu fortanach, chaidh an t-uamhas dhen dualchas bheairteach seo a chlàradh, agus tha tomhas dhe na clàraidhean seo rin cluinntinn air diofar làrach-lìn agus rin leughadh ann an grunn leabhraichean agus aistidhean. Tha fidhlearachd agus dannsa-ceum fhathast làidir ann am mòran choimhearsnachdan an Ceap Breatainn.

Coltach ri eachdraidh na cànain ann an Alba, dh' fhulaing a' Ghàidhlig droch làimhseachadh bho riaghaltasan, gu h-àraidh riaghaltas na mòr-roinn, agus is cinnteach gun do chuir na poileasaidhean seo ri crionadh na cànain ann an Alba Nuaidh. Gidheadh, anns na beagan bhliadhnaichean mu dheireadh, tha riaghaltasan na mòr-roinn air a bhith nas taiceile. Chaidh Oifis Iomairtean na Gàidhlig a stèidheachadh, agus tha an oifis seo a' cur diofar chursaichean anns a' chànain—cuid aca a' cleachdadh mhodhannan-ionnsachaidh ùra—air dòigh. Le sin, ged a tha a' chànan ann an suidheachadh fìor èiginneach, tha seansa ann gum mair i fhathast an Alba Nuaidh.

8

I wlad sydd well

Meirion Prys Jones

Mae'r iaith Gymraeg yn iaith a siaredir yn frodorol yng Nghymru wrth gwrs, ond mae hi hefyd yn cael ei siarad yn yr hyn a alwn yn Y Wladfa, sef yn y Wladfa Gymreig yn Nyffryn Chubut, ym Mhatagonia, yr Ariannin.

Roedd y fintai gyntaf o Gymru symudodd i Batagonia yn 1865, i chwilio am Gymru fach y tu hwnt i Gymru. Nid oedd yn benderfyniad hawdd i ymfudo i ochr arall y byd, gan adael popeth a oedd yn gyfarwydd y tu ôl iddynt. Felly pam y cododd y bobl hyn eu pac ac ymfudo?

Cant a hanner o flynyddoedd yn ôl roedd amodau byw yng Nghymru yn hynod o galed, roedd cyflogau'n anobeithiol o isel, ac roedd y bobl gyffredin yn dioddef gormes dan law eu cyflogwyr a'u landlordiaid (yr un bobl yn aml iawn). Roedd llawer o'r bobl gyffredin yn uniaith Gymraeg, ond roedd eu hiaith wedi ei gwahardd yn yr ysgol, ac roedd eu plant yn cael eu cosbi'n greulon am siarad Cymraeg o fewn gatiau'r ysgol, er nad oedd yr ieuengaf ohonynt yn deall gair o Saesneg. Teimlai llawer o'r Cymry eu bod yn cael eu trin fel dinasyddion eilradd yn eu gwlad eu hunain ac mai ychydig iawn o obaith oedd ganddynt o greu bywyd gwell i'w teuluoedd. Hyn a arweiniodd at yr anfodlonrwydd cymdeithasol a orfododd llawer i geisio gwell bywyd mewn mannau eraill o'r byd.

Cyflwynwyd y syniad o greu gwladfa Gymreig yn Ne America gan Michael D Jones, cenedlaetholwr Cymreig, a phregethwr anghydffurfiol.

Treuliodd rai blynyddoedd yn yr Unol Daleithiau, lle bu'n arsylwi ar batrymau ymfudo a sylwi bod ymfudwyr Cymreig yn cymhathu llawer iawn mwy na phobl eraill, ac yn aml yn colli llawer o'u hunaniaeth Gymreig wrth wneud hynny. Cynigiodd sefydlu gwladfa Gymraeg ei hiaith i ffwrdd o ddylanwad y Saesneg.

A dyma pam yr ymfudodd llawer o deuluoedd Cymreig i Batagonia yn yr Ariannin, ardal sydd bedair gwaith maint y Deyrnas Unedig. Ymsefydlodd yr ymfudwyr Cymreig cyntaf ger y môr yn Nwyrain Mhatagonia, cyn ehangu eu tiriogaeth 400 milltir i'r Gorllewin, wrth droed yr Andes ac ar y ffin â Chile.

■著訳者一覧

タンギ・ルアルン
[Tangi LOUARN]
ブレイス（ブルターニュ）文化評議会会長、前ケンペール（カンペール）文化館館長

メイリオン・プリス＝ジョーンズ
[Meirion PRYS JONES]
カムリー（ウェールズ）語評議会会長、アイステズヴォッド（ウェールズ民俗音楽祭）組織委員会委員

ダヴィス・ヒックス
[Davyth HICKS]
EU 少数言語ネットワーク「ユーロラング」Eurolang 代表、前欧州少数言語事務局 EBLUL 事務局員

ロバート・ダンバー
[Robert DUNBAR]
アルバ（スコットランド）・ガールタハク（ハイランド）島嶼大学教授、専門はゲール語文学、社会言語学

ネッサ・ニヒネーデ
[Neasa Ní CHINNÉIDE]
エーレ（アイルランド）国営テレビ局ゲール語番組編集長、前欧州少数言語事務局長

ピエール＝イヴ・ランベール
[Pierre-Yves LAMBERT]
フランス高等学術研究院教授、専門はケルト学、比較言語学、とくに古代ケルト語

ウェラ・ブラウン
[Wella BROWN]
ケルノウ語復興運動家、『現代ケルノウ語文法』A Grammar of Modern Cornish, 1984 の著作がある

ブライアン・ストーウェル
[Brian STOWELL]
マニン（マン島）・ゲール語復興運動家、マニン語による『不思議の国のアリス』（1990 年）訳、またマニン語による初の本格的探偵小説（2006 年）などがある

原聖［はら・きよし］
女子美術大学芸術学部教授、専門は西欧社会史、比較民俗学、とくにケルト語圏の言語復興運動

後平澪子［ごひら・みおこ］
翻訳家、慶応義塾大学非常勤講師、専門はフランス文学

小池剛史［こいけ・たけし］
大東文化大学文学部准教授、専門は英語学、英語史

米山優子［よねやま・ゆうこ］
静岡県立大学国際関係学部専任講師、専門はイギリス文化、社会言語学

平島直一郎［ひらしま・なおいちろう］
翻訳家、西南学院大学非常勤講師、専門はケルト学、初期アイルランド文学

岩瀬ひさみ［いわせ・ひさみ］
翻訳家、民話研究家、専門はゲール語圏の民話

Kotoba to Syakai Bessatu 4-gô (Language and Society supplement No.4)

Keruto-syogo-bunka no Hukkô
(Revitalization of Celtic languages and cultures)

Mokuzi (Contents)

0 Keruto-syogo-bunka no Hukkô,
sono Bunka-teki-tayôsei no Igi o saguru ························· 5
(Revitalization of Celtic languages and cultures: reasserting the value of their cultural diversity)
HARA Kiyosi

1 Bureisu no Gengo to Bunka no Hukkô:
Bunka no Minsyu-syugi no kakutoku ni mukete ············ 44
(Revitalization of language and culture in Breizh / Brittany for cultural democracy)
Tangi LOUARN (translated by GOHIRA Mioko)

2 Kamurî-go no Genzyô to Bunka Saisei ························· 61
(The present situation of Cymraeg / Welsh language and its cultural revitalization)
Meirion PRYS JONES (translated by KOIKE Takesi)

3 Kerunou-go Hukkô no Genzyô ························· 77
(The present situation of the revitalization of Kernewek / Cornish language)
Davyth HICKS (translated by YONEYAMA Yûko)

4 Êre ni okeru Gêru-go-bunka Hukkô no Genzyô ······················ 92
(The present situation of the revitalization of Gaeilge / Gaelic language and culture in Éire / Ireland)
Neasa Ní CHINNÉIDE (translated by HIRASIMA Naoitirô)

5 Aruba-Gêru-go no Hukkô ························· 99
(Revitalization of Gàidhlig / Scottish Gaelic in Alba / Scotland)
Robert DUNBAR (translated by IWASE Hisami)

6 Manin-Gêru-go ni tuite:
Gengo-sihuto to Gengo-hukkô no Rekisi ························· 114
(The history of language shift and revitalization of Gaelg / Mannin / Manx Gaelic)
Davyth HICKS (translated by YONEYAMA Yûko)

7 Aruba-Nua no Aruba-Gêru-go 120
(Gàidhlig / Scottish Gaelic in Alba Nuadh / Nova Scotia, Canada)
Robert DUNBAR (translated by IWASE Hisami)

8 Guradoba no Kamurî-go: Kamurî no soto no Syô-kamurî 136
(Cymraeg / Welsh language in Gwladfa of Patagonia, Argentina: Little-Cymru outside Cymru)
Meirion PRYS JONES (translated by HARA Kiyosi)

9 Keruto-syogo: 20 nenkan no Gengo-gaku-kenkyû,
1989 nen kara 2009 nen made 140
(Celtic languages: twenty years of linguistic studies, 1989-2009)
Pierre-Yves LAMBERT (translated by HARA Kiyosi)

⟨Keruto-syogo niyoru Yôsi (Résumés in Celtic languages)⟩

1 Breizh, azginivelezh ur yezh hag ur sevenadur 158
Tangi LOUARN

2 Y Gymraeg yng Nghymru 163
Meirion PRYS JONES

3 Kernewek 165
Wella BROWN

4 An Ghaeilge in Éirinn 166
Neasa Ní CHINNÉIDE

5 A' Ghàidhlig 168
Robert DUNBAR

6 Yn Ghailckagh 171
Brian STOWELL

7 A' Ghàidhlig ann an Alba Nuaidh 172
Robert DUNBAR

8 I wlad sydd well 174
Meirion PRYS JONES

Tyoyakusya itiran (authors & translators) 176

■編集後記

　本特集は、ケルト諸語文化復興の現状を概観する本邦初の企画だが、本邦初なのはこの点ばかりではない。まずは、ケルト諸語地域に新大陸のコミュニティを取り上げたことである。こうしたコミュニティは、西欧諸国の植民地形成の一貫として誕生したものであり、これまでは無視されることが通常だった。ところが、コミュニティの言語として存続し、ケルト文化圏とも交流がある。したがって、ケルト諸語地域で出版される最近の概説書でも取り上げられるようになったのである。現時点での世界のケルト諸語を見渡す、日本語での初の概説書なのである。二つ目は、ケルト諸語による地名・固有名の表記である。概説でも述べたが、ケルト諸語はすべて少数言語であり、英語、フランス語による地名・固有名表記が、日本語では違和感をもつことなく普通に行われていた。それは、ケルト諸語を理解できる人が少なかったという事情もあるが、日本語の地名を英語で表記するようなものであり、本来的に誤ったやり方である。編者は、拙著『ケルトの水脈』（講談社、2007年）、また拙訳書『近世ヨーロッパの言語と社会』（岩波書店、2009年）でこうしたあり方の修正を多少とも試みているが、これほどまで徹底したのははじめてである。この面では、邦訳を担当した各訳者にも趣旨をご理解いただき、ご協力いただいた。これについては、各訳者に感謝しなければならない。三つ目は、ケルト諸語による要旨の追加である。当該言語がどのように表記されるか、それを実際に見ることも重要である。これにはケルト諸語の理解ももちろん欠かせない。これが日本で可能になったのも最近のことなのである。四つ目は、ここ10年あまりの間にケルト諸語地域で行われている、古代ケルト文化理解の新潮流を全面的に紹介した点である。たとえば、概説で紹介したタルテッソス語は『言語学大事典』（三省堂、1988〜2001年）でもその名前すら登場しない。こうした事実の本邦初紹介なのである。招聘の費用を負担していただいた鹿児島大学、また招聘に応じ、その講演を原稿の形にしてくれた各執筆者と翻訳者など、この企画にはさまざまな方面の助力があり、そうした皆さん全員にお礼しなければならないが、こうした企画が可能になったことを喜びたい。

　　　　　　　　　　　　　　　　　　　　　　　　　　　　　　　　　　　　　（原聖）

ことばと社会　別冊4
ケルト諸語文化の復興

発行日　2012年4月1日　初版第1刷発行

原聖・編

発行所　株式会社 三元社
〒113-0033 東京都文京区本郷1-28-36 鳳明ビル
電話／03-3814-1867　FAX／03-3814-0979

印刷　モリモト印刷 株式会社
製本　株式会社 越後堂製本
装幀　山野麻里子

ISBN978-4-88303-309-6
http://www.sangensha.co.jp

三元社［定期刊行］

ことばと社会
多言語社会研究

『ことばと社会』編集委員会・編
年1回刊行／定期購読申し込み受付中

- 1号　特集　地名の政治言語学 ────── 1999年刊　2,200円
- 2号　特集　言語の復活 ────── 1999年刊　2,200円
- 3号　特集　単一言語支配 ────── 2000年刊　2,200円
- 4号　特集　メディアと多言語 ────── 2000年刊　〈品切中〉
- 5号　特集　漢字文化圏の文字ナショナリズム① ── 2001年刊　〈品切中〉
- 6号　特集　漢字文化圏の文字ナショナリズム② ── 2002年刊　2,200円
- 7号　特集　危機言語 ────── 2003年刊　2,200円
- 8号　特集　地域語発展のために ────── 2004年刊　2,200円
- 9号　特集　バイリテラシー ────── 2005年刊　2,200円
- 10号　特集　社会言語学再考 ────── 2007年刊　2,300円
- 11号　特集　移民と言語① ────── 2008年刊　2,200円
- 12号　特集　移民と言語② ────── 2010年刊　2,300円
- 13号　特集　学校教育における少数派言語 ── 2011年刊　2,300円

- 別冊1号　ヨーロッパの多言語主義はどこまできたか ────── 2004年刊　2,200円
- 別冊2号　脱帝国と多言語化社会のゆくえ ────── 2005年刊　2,500円
- 別冊3号　言語的多様性という視座 ────── 2010年刊　2,300円

＊価格はすべて税別です。